夯实强国之基

强国视域下时代新人培育研究

彭　钊◎著

济南出版社

图书在版编目（CIP）数据

夯实强国之基：强国视域下时代新人培育研究 / 彭钊著. —— 济南：济南出版社，2025.1. —— ISBN 978-7-5488-7108-8

Ⅰ.C964.2

中国国家版本馆 CIP 数据核字第 2025KR9448 号

夯实强国之基：强国视域下时代新人培育研究

HANGSHI QIANGGUO ZHI JI QIANGGUO SHIYU XIA SHIDAI XINREN PEIYU YANJIU

彭　钊　著

出 版 人　谢金岭
责任编辑　董傲囡　梁　浩
装帧设计　谭　正

出版发行　济南出版社
地　　址　山东省济南市二环南路 1 号（250002）
总 编 室　0531-86131715
印　　刷　济南康如印务有限公司
版　　次　2025 年 1 月第 1 版
印　　次　2025 年 3 月第 1 次印刷
开　　本　170mm×240mm 16 开
印　　张　10
字　　数　120 千字
书　　号　ISBN 978-7-5488-7108-8
定　　价　59.00 元

如有印装质量问题 请与出版社出版部联系调换
电话：0531-86131716

目录

导　论

习近平总书记在党的二十大报告中明确指出："从现在起，中国共产党的中心任务就是团结带领全国各族人民全面建成社会主义现代化强国、实现第二个百年奋斗目标，以中国式现代化全面推进中华民族伟大复兴。"① 这是我们党在新的时代条件下踏上的全新"赶考"之路。面向新的"赶考"，如何奠定坚实之基、走好开局之路、激扬奋进之声？这是一个亟待探索的时代课题。新的赶考呼唤时代新人，习近平总书记在党的十九大报告中提出了"培养担当民族复兴大任的时代新人"重大命题，为立德树人、铸魂育人明确了根本方向。简而言之，就是要培养新时代中国特色社会主义的合格建设者和可靠接班人，确保党和国家的伟大事业后继有人。青年强则国强，广大青年群体是时代新人的主体，也是建设社会主义现代化强国的主力军和骨干力量。由此可见，培育时代新人与推进社会主义现代化强国建设具有高度的契合性。在全面建成社会主义现代化强国的宏伟目标下，探讨时代新人的培育问题，具有重要意义。

一、研究背景

"强国""新人"都是极具时代感的词汇，总能激发起一代人的拼搏之力、奋进之心、冲锋之勇、奉献之情。研究探讨"强国视域下时代新人培育"这一主题，既是对新时代如何走好实现第二个百年奋斗目标新的"赶考"之路的深入思考，也是对新时代加强立德树人实效、培育造就大批堪当时代重任的可靠

---

① 习近平：《高举中国特色社会主义伟大旗帜　为全面建设社会主义现代化国家而团结奋斗——在中国共产党第二十次全国代表大会上的报告》，人民出版社，2022。

接班人的科学回答。

（一）研究强国视域下时代新人培育是坚持立德树人的现实需要

2018 年，"立德树人"当选为年度十大流行语，社会各界对"立德树人"的关注度显著提高，达到了新的高度。从立德树人的科学内涵来看，旨在强调教育的根本任务是培养全面发展的社会主义建设者和接班人。党的十八大以来，以习近平同志为核心的党中央高瞻远瞩，高度重视育人工作，坚持把立德树人作为中心环节，取得了一系列显著的成绩，开创了我国教育事业的新局面。习近平总书记在学校思想政治理论课教师座谈会上明确指出："未来30年，我们培养的人要能够完成'两个一百年'的伟业。这就是教育的历史责任。"[①] 由此也可以窥见，在推进全面建成社会主义现代化强国的伟大征程中，增强时代新人使命担当、培育堪当大任的经世之才的重要性。

在党的二十大报告中，首次将"实施科教兴国战略，强化现代化建设人才支撑"作为一个重要部分单独列出，并且在其中旗帜鲜明地强调"培养造就大批德才兼备的高素质人才，是国家和民族长远发展大计"。[②] 这进一步彰显了我们党对于培育现代化建设人才的高度重视，为落实立德树人根本任务，着力培养时代新人，指明了前进方向，提供了根本遵循。我们培育时代新人，强调立德为先，立足于事业发展所需，培育德智体美劳全面发展的人才，让时代新人能够在全面建成社会主义现代化强国的伟大征程中充分贡献自己的聪明才智，助力第二个百年奋斗目标的实现。

（二）研究强国视域下时代新人培育是掌握历史主动的现实需要

历史主动就是指在发展过程中自觉主动地吸收历史经验、尊重历史规律、顺应历史潮流、担当历史重任，在时代浪潮中所展现出来强烈的担当、奋斗

---

① 习近平：《思政课是落实立德树人根本任务的关键课程》，《求是》2020 年第 17 期。
② 习近平：《高举中国特色社会主义伟大旗帜　为全面建设社会主义现代化国家而团结奋斗》，人民出版社，2022。

精神。① 人是推动社会发展最关键的因素，尊重人才是中华民族的悠久传统。我们党历来把人才队伍建设摆在重要位置，习近平总书记强调："人才就是未来。""功以才成，业由才广"，可以说，谁掌握了人才，谁就掌握了话语权、主动性、行动力，谁就赢得了在未来制胜的砝码。当前，中华民族伟大复兴战略全局与世界百年未有之大变局相互交织，中国特色社会主义事业这艘大船要想在时代浪潮中行稳致远，就必须坚持为党育人、为国育才，培养担当民族复兴大任的时代新人，聚天下英才而用之。

我们党培育时代新人，立足的是中华民族千秋伟业，目的是培养一代又一代衷心拥护党的领导，拥有对马克思主义的坚定信仰，对社会主义和共产主义的信念，立志为中国特色社会主义事业奋斗终身的有用人才，把各方面优秀人才集聚到党和人民的伟大奋斗事业中来。总的来说，时代新人要在历史主动精神的感召下增强自觉性，主动去了解世情党情国情的复杂变化，了解古今中外的经验启示，自觉把握时代规律，深化对时代大势的清晰认识；时代新人要在历史主动精神的感召下提升责任感，磨炼"艰难困苦、玉汝于成"的意志，冲锋在前，不畏强敌、不惧风险，敢于斗争；时代新人更要在历史主动精神的感召下激发创造力，不断增强问题意识，透过现象看本质，提出解决问题的方法。

二、研究动态

党的十八大以来，以习近平同志为核心的党中央高度重视立德树人工作，以前瞻性的视角深刻思考了"为谁培养人、培养什么人、怎样培养人"这一根本问题，并在党的十九大报告中提出了"培养担当民族复兴大任的时代新人"重大命题。相关内容一经提出，就引起了学界关注，根据历年《思想政治教育研究热点年度发布》，以"时代新人"为主题的研究在 2020—2023 年连续入选

---

① 华雷：《掌握历史主动，在新时代更好坚持和发展中国特色社会主义》，《奋斗》2022 年第 15 期，第 20 – 22 页。

思想政治教育研究热点。可以说，学者们对这一主题倾注了较高的研究兴趣，也产生了一批有益成果。

（一）国内研究综述

本书第一个关键词是"时代新人"。在中国知网以"时代新人"为主题词进行搜索，共检索到 5000 余篇期刊论文，其中发表在 CSSCI 来源期刊的文章共计 940 篇左右，发表时间主要集中在 2018 年之后，涉及教育学、政治学等学科。专著方面，《高等学校时代新人培育研究》《传承红色基因培育时代新人》《革命精神融入高校时代新人培育的理论与实践》等著作相继出版，主要探讨了时代新人培育的逻辑理路；部分出版社也根据"时代新人"这一主题出版了系列读本，如：2018 年，江西高校出版社针对各个年龄段的特点，组织编写了《做时代新人学生读本》小学低年级版、小学高年级版、初中生版、高中生版，旨在启发广大青少年争做时代新人；2019 年，山西教育出版社出版了《时代新人说》系列图书，既发表了"时代新人说"大型征文活动优秀获奖征文，也挖掘了 11 名典型人物的重要事迹；四川大学马克思主义学院马克思主义中国化教研室编纂了《逐梦美好生活　争做时代新人》上下册，以多种体裁形式呈现了青年学生争做时代新人的认知。部分硕士研究生和博士研究生也以"时代新人"为研究方向进行学位论文的撰写，主要集中在培育路径研究、重要论述研究等方面。

本书第二个关键词是"强国"。在中国知网以"强国视域"进行搜索，可以看到学者们对于"文化强国""教育强国""人才强国"等具体领域的研究成果较多，这些都是全面建成社会主义现代化强国伟大征程的应有之义。专著方面，近年来关于"体育强国""教育强国"的研究较多。硕士学位论文和博士学位论文方面则以"文化强国"为主。关于"强国"的研究内容，主要以政策研究、战略研究、路径研究为主。

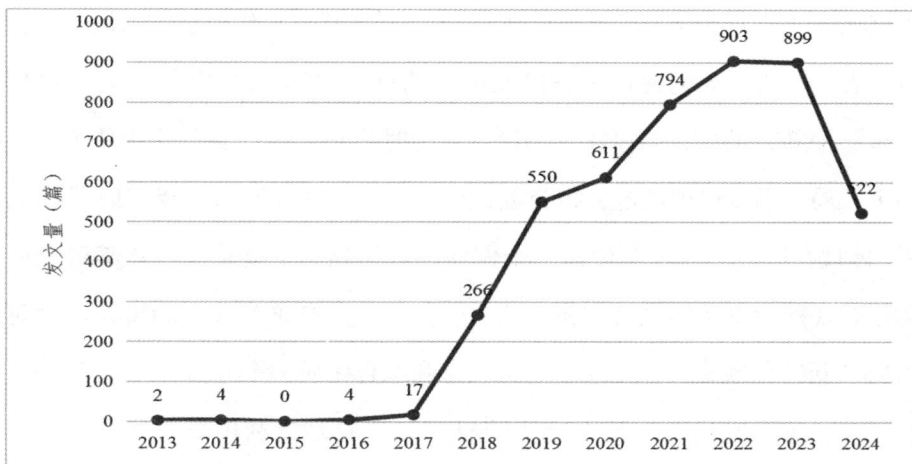

图一　2013 年以来主题为"时代新人"论文数量统计（截至 2024 年 8 月）

从"时代新人"这一关键词来看，学者们主要针对时代新人的科学内涵、基本特质、时代意义、培育路径等问题进行了深入探讨，取得了系列成果：

第一，关于时代新人科学内涵的研究。关于时代新人究竟是一个什么样的人，应着眼于一个"新"字，时代新人到底新在哪里，是探讨科学内涵的突破口，也是这一课题所必须回答的一个最为基础的问题，只有充分认识了时代新人的科学内涵，才能准确把握后续一系列研究。部分学者探寻历史脉络，从"新人"这一概念的历史变迁，探讨时代新人的科学内涵。从历史出发，专家学者主要对马克思主义经典文本中提出的"全面发展的人"、毛泽东的新人观、邓小平提出的"四有"新人等重要命题进行探讨，进而分析了党的十八大以来"时代新人"内涵的创新性发展。例如：白云（2020）分析了中华人民共和国成立 70 年来有关"时代新人"内涵的演进历程，认为其内涵的演进具有递进式发展的鲜明特征，但内涵实质都是要培育一代又一代可靠建设者和合格接班人①；刘波（2019）基于历史与现实，详细梳理了时代新人的发展脉络，从理论、时代、理想、发展四个层面的内涵出发，阐释了时代新人的新的内涵，关

---

① 白云：《新中国 70 年时代新人内涵演进》，《忻州师范学院学报》2020 年第 1 期，第 65 – 68 页。

键词聚焦于"真理力量""担当精神""历史使命"以及"能力素质"①。也有部分学者从时代新人的使命任务出发探讨其科学内涵，强调时代新人因"势、事、时"而新，例如，栾淳钰（2022）认为时代新人的"新"集中体现在其胸怀两个大局、彰显精神风范、担当复兴大任②；邓军（2022）提出时代新人的"新"体现在时空、内涵与使命三个方面，聚焦到当下就是德智体美劳全面发展的新时代社会主义建设者和接班人③；吉喆、崔艳龙等人（2020）认为时代新人的"新"体现在理想信念、精神状态和综合素质三个方面④。

第二，关于时代新人基本特质的研究。特质是指利用简单、精准的形容内容对个体进行全方位扫描和全景式测量，是个体给人最为直观的感受，通过对时代新人基本特质的把握，有利于精准分析其核心要义，科学规划其发展方向。当前，国内学者针对基本特质进行了有益探讨，部分学者从时代新人的角色定位着手进行基本特质的概述，多名专家学者提出了"五者论"，具体表述虽然不尽相同，但整体而言观点内核较为一致，例如，王婷（2021）立足于精神状态层面分析了时代新人的基本特质，认为时代新人应是奋进者、开拓者、奉献者、坚定者、搏击者⑤；王健睿（2020）认为时代新人的精神特质应该包含爱国者、开拓者、奋进者、搏击者、奉献者⑥；冯淑萍（2019）认为时代新人的基本特质体现为其是爱国者、奋斗者、实干者、开拓

① 刘波：《论时代新人的内涵演进与培育逻辑》，《西南民族大学学报（人文社科版）》2019 年第 7 期，第 222－227 页。

② 栾淳钰：《"时代新人"：马克思主义新人观的新发展》，《思想理论教育导刊》2022 年第 5 期，第 32－38 页。

③ 邓军：《革命精神融入高校时代新人培育的理论与实践》，广西师范大学出版社，2022，第 34 页。

④ 吉喆、崔艳龙、杨弘：《论时代新人的时代意涵、现实困境与实践路向》，《东北师大学报（哲学社会科学版）》2020 年第 6 期，第 125－131 页。

⑤ 王婷：《关于时代新人特质的思考》，《北京师范大学学报（社会科学版）》2021 年第 6 期，第 158－160 页。

⑥ 王健睿：《论接力实现民族复兴背景下时代新人的培育》，《云南社会科学》2020 年第 3 期，第 59－64 页。

者和奉献者的统一①。也有部分学者从时代新人必备品质出发来归纳其基本特质，提出了多种观点，例如，田海舰（2021）提出了"五有"论断，认为时代新人应是有理想、有本领、有担当、有道德、有力量的人②；王一舟（2021）对习近平总书记给青少年学生的回信内容进行了深入细致的文本分析，归纳了时代新人的精神特质，认为时代新人的特质体现在有理想、肯奋斗，有本领、重情怀，有担当、能奉献等方面③；熊亮（2020）提出了"五个更有"的观点，从时代新人对以往超越的角度回答了其基本特质这一问题，提出时代新人更有自信、更有情怀、更有本领、更有精神、更有担当。④ 此外，也有部分学者以描述性的话语对时代新人的基本特质进行概括，主要认为时代新人凸显了时代性、担当性、主体性等特质。

第三，关于时代新人培育路径的研究。对于时代新人这一话题的探讨，关键在实践，重点在培育，只有从实践层面讲清楚如何培育时代新人，相关研究才具有时代性、指导性。2019 年，中共中央、国务院印发了《新时代公民道德建设实施纲要》，该重要文件重点强调了要培养和造就担当民族复兴大任的时代新人，部分专家学者基于该文件内容对培育时代新人的路径进行探讨，代表性的学者有冯刚等。冯刚等人在《时代新人的生成逻辑、基本特征和培育路径》一文中立足文件内容，从教育引导、实践养成、制度保障三个方面对培育路径进行了探讨，认为应立足于高等教育内涵式发展、全面加强劳动教育、切实落

---

① 冯淑萍：《时代新人的基本特质及其培养的着力点》，《思想教育研究》2019 年第 3 期，第 114 – 117 页。

② 田海舰：《"时代新人"的基本内涵与培育路径》，《社会科学家》2021 年第 1 期，第 126 – 130 页。

③ 王一舟：《时代新人的精神特质及其培养建议——基于习近平总书记给青少年学生回信的文本分析》，《高校辅导员》2021 年第 6 期，第 3 – 8 页。

④ 熊亮：《培养时代新人的着力点》，《濮阳职业技术学院学报》2020 年第 6 期，第 25 – 28 页。

实《中长期青年发展规划（2016—2025 年）》三个着力点来培育时代新人①；在《时代新人培育的内在要求与实现路径》一文中则强调要把立德树人贯穿教育教学全过程，努力提升学生人生境界，坚持深化学生的道德养成，积极营造良好环境②。中国共产党团结带领广大人民在百年奋斗征程中积淀了宝贵财富，创造了内涵深刻的红色文化，对于时代新人的培育也具有重要的参考价值。因此，部分学者着重从传承和弘扬红色文化的角度探讨时代新人的培育路径，例如，霍彬涛、耿思嘉（2022）以北京第二外国语学院人才培养为例，强调要通过构建红色文化育人模式来培育时代新人③；王妮（2022）认为红色精神能够滋养时代精神，要通过丰富教育内容、打造校园文化、挖掘新媒体平台潜力、拓展实践活动等方式来培育时代新人④。也有部分学者着眼于从具体的红色精神中探讨时代新人培育路径，例如，伟大建党精神、苏区精神、雷锋精神、劳模精神、载人航天精神等。

第四，关于时代新人培育意义的研究。对于时代新人培育价值意蕴的研究，学界主要集中于三个视角，一是现实战略意义，二是个体发展意义，三是学术研究意义。从现实战略意义来看，刘建军（2019）认为时代新人的提出为党和国家在新的时代条件下进一步推进培育和践行社会主义核心价值观的工作提供了着眼点和总抓手⑤；冯淑萍（2019）从国际局势、历史发展和伟大事业三个角度探讨了时代新人培育的价值，认为时代新人培育是应对激烈竞争、维护我国国际社会地位和利益的关键工程，是确保党的事业后继有人的希望工程，是

---

① 冯刚、徐先艳：《时代新人的生成逻辑、基本特征和培育路径》，《教学与研究》2022 年第 4 期，第 92 – 101 页。

② 冯刚、王莹：《时代新人培育的内在要求与实现路径》，《中国高等教育》2020 第 23 期，第 21 – 23 页。

③ 霍彬涛、耿思嘉：《"传承红色基因 培育时代新人"红色文化育人模式研究——以北京第二外国语学院人才培养为例》，《北京教育（高教）》2022 年第 7 期，第 37 – 39 页。

④ 王妮：《红色精神滋养时代新人：价值旨归与现实路径》，《东岳论丛》2022 年第 2 期，第 30 – 36 页。

⑤ 刘建军：《论"时代新人"的科学内涵》，《思想理论教育》2019 年第 2 期，第 4 – 9 页。

实现民族复兴的主体工程。① 从个体发展意义来看，崔艳龙（2023）从精神引领、实践导向、主体激励三个方面探讨了时代新人培育的价值意蕴，其认为时代新人培育能够有效增强思想定力、提高思想境界、深化思想认识；② 张鲲（2018）指出"时代新人"避开了西方社会人的发展模式，将新时代中国特色社会主义事业的建设者和参与者有机统一起来，增强了主体的荣誉感和获得感，更加体现以人为本的社会发展本质属性。③ 从学术研究意义来看，也有学者探讨了习近平总书记关于时代新人培育重要论述的价值意蕴，如李瑞德、潘玉腾（2022）认为相关重要论述阐明了时代新人的内涵和标准、培养的方法和途径、培养的初心和使命；④ 王帅（2021）认为相关重要论述回应了伟大复兴中国梦的战略要求、体现了党的教育方针的继承性发展、贯彻了关注人的全面发展的价值取向⑤。

关于"强国"这一主题，国内学者主要从理论与实践相结合的角度对这一主题进行了探讨。

理论方面，学者们对全面建成社会主义现代化强国的内涵意蕴、逻辑理论等问题进行了探讨。戴木才（2022）从结构要素这一视角对社会主义现代化强国进行了探讨，其以对综合国力的探讨作为切入点，进而提出经济、科技、军事等硬实力以及政治、文化、国际影响等软实力是社会主义现代化强国结构要

---

① 冯淑萍：《时代新人的基本特质及其培养的着力点》，《思想教育研究》2019 年第 3 期，第 114 - 117 页。

② 崔艳龙：《时代新人培育的理论依据、价值意蕴与实践路径》，《百色学院学报》2023 年第 2 期，第 72 - 78 页。

③ 张鲲：《新时代"时代新人"之主体性建构》，《思想教育研究》2018 年第 10 期，第 24 - 28 页。

④ 李瑞德、潘玉腾：《习近平关于培养时代新人重要论述：生成逻辑、主要贡献和践行路径》，《思想教育研究》2022 年第 5 期，第 31 - 36 页。

⑤ 王帅：《习近平总书记关于时代新人重要论述的价值意蕴和实践进路》，《高校辅导员》2021 年第 2 期，第 3 - 7 页。

素的重要组成部分。① 罗哲（2021）从历史、理论与现实三重逻辑的角度对社会主义现代化强国的深刻内涵进行了分析，全面梳理了社会主义现代化强国的历史底蕴、历史根基与现实图景。② 汪青松、陈莉（2020）对社会主义现代化强国的内涵特质进行了概括，认为中国的现代化是世界现代化的一部分，也具有本国的鲜明特征，集中体现在经济、政治、文化、社会、生态、治理六个方面的现代化。③ 石云霞（2019）则重点讨论了社会主义现代化强国思想的创新和发展，认为其在对社会主义发展阶段、本质特征、社会主义现代化科学内涵以及马克思主义国家学说的认识上有了深化与发展。④

实践方面，学者们对全面建成社会主义现代化强国的实践要求、实现路径等问题展开了研究。王寿林（2023）提出了全面建成社会主义现代化强国 6 点实践要求，指出必须坚持以党的领导保证现代化建设，以人民主体推进现代化建设，以科学理论指引现代化建设，以正确道路拓展现代化建设，以开拓创新促进现代化建设，以提高质量成就现代化建设。⑤ 王安忠（2023）提出了"六个坚持"的论断，即全面建成社会主义现代化强国必须坚持党的全面领导、坚持以人民为中心、坚持新发展理念、坚持深化改革开放、坚持系统观念、坚持稳中求进。⑥ 于春玲、丁富强（2022）强调要想全面建成社会主义现代化强国，必须坚持文化先行，通过巩固社会主义主流意识形态、激活中华优秀传统文化

---

① 戴木才：《论社会主义现代化强国的结构要素》，《马克思主义研究》2022 年第 9 期，第 33－47 页，第 155－156 页。

② 罗哲：《建设社会主义现代化强国的深刻意涵》，《人民论坛》2021 年第 24 期，第 36－38 页。

③ 汪青松、陈莉：《社会主义现代化强国内涵、特征与评价指标体系》，《毛泽东邓小平理论研究》2020 年第 3 期，第 13－20 页，第 107 页。

④ 石云霞：《论社会主义现代化强国思想的创新和发展》，《思想理论教育导刊》2019 年第 5 期，第 51－56 页。

⑤ 王寿林：《全面建成社会主义现代化强国的实践要求》，《新视野》2023 年第 1 期，第 29－35 页。

⑥ 王安忠：《全面建成社会主义现代化强国的实践进路》，《世界社会主义研究》2023 年第 4 期，第 56－65 页，第 115 页。

活力、推进文化体制机制改革、推动文化交流互鉴等形式为社会主义现代化强国建设添砖加瓦。① 王钰鑫（2021）则认为习近平总书记在庆祝中国共产党成立 100 周年大会上的讲话中提出的"九个必须"的根本要求是全面建成社会主义现代化强国的根本遵循。②

综合来看，直接将社会主义现代化强国与时代新人培育结合起来探讨的内容较少，代表性的有贾楠、荆蕙兰《论社会主义现代化强国背景下时代新人的塑造》一文，在明晰社会主义现代化强国与时代新人内涵特征的基础上，进而探讨了二者在目标、价值与实践方面的契合度，并基于此对时代新人的塑造标准、场域及维度进行了探讨。③ 辽宁师范大学硕士研究生黄曦墨撰写了题为《中国式现代化道路视域下时代新人培育研究》的学位论文，对中国式现代化视域下时代新人培育的逻辑理路、机遇挑战、实践路径等问题进行了讨论。④

（二）国外研究综述

关于时代新人的研究。国外学者直接探讨"时代新人"的研究成果较少，但对于"人才培养""青年教育""公民教育"等主题展开了深入研究。以"公民教育"为例，在美国发展史上，一大批政要就曾高度重视公民教育的作用，如美国第三任总统托马斯·杰斐逊（Thomas Jefferson）在公民教育方面曾提出系列重要思想，其指出要通过教育使公民理解对国家的责任；美国开国元勋本杰明·拉什（Benjamin Rush）也强调通过公民教育培育美国共同的公民意识和道德品质，使民众拥有统一的政治信仰和对共和政府的虔诚。

部分学者也面向 21 世纪对公民教育进行设想，对公民教育的命题、趋势等

---

① 丁春玲、丁富强：《论社会主义现代化强国建设中的"文化先行"》，《江西社会科学》2022 年第 6 期，第 178 – 185 页，第 208 页。

② 王钰鑫：《"九个必须"：全面建成社会主义现代化强国的根本遵循》，《广西社会科学》2021 年第 9 期，第 39 – 51 页。

③ 贾楠、荆蕙兰：《论社会主义现代化强国背景下时代新人的塑造》，《社会科学战线》2022 年第 9 期，第 276 – 280 页。

④ 黄曦墨：《中国式现代化道路视域下时代新人培育研究》，辽宁师范大学，2023。

内容进行了探讨。例如，美国学者约翰·帕特里克（John. J. Patrick）对世界公民教育课程的发展趋势进行了探讨，主要包括围绕知识、技能与道德开展公民教育，紧扣核心概念进行传授，注重使用案例分析法和情境教学法，培养独立决定和常识判断技能，加强学校与社区的合作，注重文化教育，注重活动教学，重视教育内容和教学过程相结合，注重公民教育师资力量的培育，充分利用互联网等新媒体资源等。① 美国学者丹尼尔·斯库格伦斯基（Daniel Schugurensky）认为公民教育是一个广阔的领域，包括广泛的哲学、政治和思想观点，在此基础上其提出了 21 世纪公民教育的七个命题，主要包括公民教育应该培养积极主动的公民、应该树立全球视野、应该促进跨文化社会的发展、应该克服个体与集体的分离、应该摆脱原教旨主义意识形态、应当创建高度包容的学习型社区等内容。② 澳大利亚学者默里·普林特（Murray Print）则将研究重点放在亚洲，探讨了在当今时代亚洲国家开展公民教育的策略，主要包括全校教学策略、批判性思考策略、合作式学习策略、校本活动学习策略、技术资源使用策略等，并强调要综合使用各种策略，以实现效果最大化。③

也有部分学者对不同国别的公民教育进行了研究。例如，英国学者 Fakhretdinova A. P.、Abakumova O. A. 探讨了英国内部公民教育的差异性，其强调在英国的不同学校，有一个与公民能力发展相关的课程介绍项目，而且会伴随着社会不同层次的变化而不断变化。④ 意大利学者 Olga Bombardelli、Marta Codato 通过文献分析对意大利公民教育的做法进行了介绍，重点关注了学校系统中的公

---

① John. J. Patrick, *Improving Civic Education in Schools*, http：//www. ericfacility. net/databases/ERIC – Digests/ed470039.

② Daniel Schugurensky, John P. Myers. Citizenship education：Theory, research and practice. Encounters on Education, Volume 4, 2003, PP 1 – 10.

③ Murray Print, Smith Alan. Teaching civic education for a civil, democratic society. Asia Pacific Education Review, Volume 1, Issue 1, 2000, PP 101 – 109.

④ P. A F, A. O A. Different Approaches to Civic Education in Great Britain. Tomsk state pedagogical university bulletin, 2017 (4).

民和公民教育课程。① 希腊学者 Theodore Chadjipantelis、Antonis Papaoikonomou 对希腊教育体系中的公民教育进行了介绍，其指出公民教育的有效性是通过学生对于日常政治问题了解程度来衡量的，涉及学生对希腊政治制度的看法，他们对政治制度名称的了解，他们对民主总统选举方式的了解，每次政府选举的时间，投票权等。② 斯洛文尼亚学者 Trskan Danijela 和 Bezjak Spela 介绍了斯洛文尼亚中小学如何将公民教育纳入历史学科，并解释了在历史主题中可以发展和培养哪些社会和公民能力。③ 智利学者 De Elías R. S.、Fernández M. S. 等人则以智利 19 世纪的公民教育为典型案例，对拉丁美洲公民教育情况进行了探讨，在此基础上提出了"公民教育是共和意识形态的基本表现"这一观点。④ 新加坡学者 Jasmine B. - Y. Sim 对新加坡国民教育进行了研究，其指出新加坡国民教育于 1997 年提出，其核心是针对全球化重新提出民族主义和公民忠诚的概念，其认为国民教育是一门自上而下、由国家驱动的课程，更具政治性而非教育性。⑤ 默里·普林特（Murray Print）对泰国进行公民教育的历史进行了研究，其分析了泰国学校为推进泰国青年人政治社会化做出的重大贡献，强调泰国学校开展的公民教育课程为培育民主公民创造了机会。⑥

关于社会主义现代化强国的研究。针对这一关键词，国外文献的关注焦点

---

① Bombardelli O, Codato M. Country Report: Civic and Citizenship Education in Italy: Thousands of Fragmented Activities Looking for a Systematization. Journal of Social Science Education, 2017, 16 (2).

② Chadjipantelis T, Papaoikonomou A. Civic Education in Greek Educational System: Empirical Approach in Schools of Central Macedonia of Greece. The Eurasia Proceedings of Educational & Social Sciences, 2018.

③ Danijela T, Spela B. Teaching History and Civic Education in Slovenia. FUTURO DEL PASADO - REVISTA ELECTRONICA DE HISTORIA, 2021 (12).

④ R. S. E D, M. S. F. Civic Education in Latin American Context: Urban Texts in the Chilean Case (19th century). Quinto Sol, 2021, 25 (2).

⑤ Globalization and the Singapore Curriculum, published by Springer, 2013: 67.

⑥ Murray P. Political socialization in a failed democracy: Civic education in Thailand. PCS - Politics, Culture and Socialization, 2021, 9 (1 - 2).

聚焦在"中国式现代化"。近年来，有关"中国式现代化"的研究热度在国内水涨船高，党的二十大召开后，部分国外学者对"中国式现代化"这一关键词倾注了研究热情，保持高度的关注。例如，阿富汗学者 Hujjatullah Zia 关注了党的二十大报告中关于中国式现代化的内容，其指出中国共产党正在朝着全面建成社会主义现代化强国的目标奋进，始终坚定不移地走在发展和现代化道路上，具有较强的自信心和公信力。①

部分学者也对中国推进现代化的成就进行了探讨。美国普林斯顿大学教授吉尔伯特·罗兹曼（Gilbert Rozman）著有《The Modernization of China》一书，沿着时间脉络对中国探索现代化的历程进行了梳理，强调要用历史的观点来看待中国的现代化。② 巴基斯坦学者哈立德·泰穆尔·阿克兰（Khalid Taimur Akram）认为中国在推进中国式现代化的进程中不仅转变了经济，使数亿人摆脱贫困，而且向世界展示了如何为全人类创造发展机遇，造福全人类。③

部分学者放眼世界，探讨了中国式现代化的重要价值和意义。例如，葡萄牙学者鲁伊·罗里多（Rui Lourido）探讨了中国式现代化的和平性，指出中国式现代化的新阶段和促进和平、维护安全、摒弃冷战思维、反对地缘政治集团冲突的外交政策，是对全球治理的宝贵贡献，是朝着建设人类共同未来迈出的重要一步。④ 学者凯瑟·纳瓦布（Qaiser Nawab）从学术角度分析了中国式现代化理论，其认为中国式现代化理论是一次重大的理论创新，是科学社会主义的最新成果，为人类解决共同问题提供了更多的中国眼光、更多的中国投入、更强的中国力量，为人类和平与发展的崇高事业做出了新的更大贡献。⑤ 阿尔巴

---

① Hujjatullah Zia. Chinese modernization pursues China's peaceful development. China Daily 2022 – 12 – 21.

② ［美］吉尔伯特·罗兹曼：《中国的现代化》，陶骅等译，上海人民出版社，1989，第 1 页。

③ Khalid Taimur Akram. Beijing is fostering shared development through initiatives. China Daily 2023 – 08 – 14.

④ Rui Lourido. Chinese path to modernization peaceful in nature. China Daily 2023 – 02 – 27.

⑤ Qaiser Nawab. Chinese path to modernization：The Way forward. China Daily 2023 – 02 – 23.

尼亚学者马尔塞拉·穆萨贝留（Marsela Musabelliu）认为中国式现代化是人类进步的新模式，它展现了现代化的另一幅图景，拓展了发展中国家实现现代化的途径，为人类探索更好的社会制度提供了中国式的解决方案。

（三）研究述评

近年来，对于时代新人与社会主义现代化强国建设的研究一直是学界的一个研究热点，学者们对于有关问题展开了深入研究，涌现出了一批有益理论成果，为本书的撰写提供了丰富的学术滋养和理论借鉴，但实事求是地说，对于相关问题的研究还存在一定的深化空间，具体体现在以下几个方面：

第一，对于在推进社会主义现代化强国建设的时代背景下，深化时代新人培育的重要性认识不足。当前研究成果较少将强国建设和时代新人培育结合起来探讨，相关理论成果更是少之又少。可以说，培育时代新人，增强时代新人的使命担当，是全面建成社会主义现代化强国的重要一环，对于培育时代新人，必然要站在全面建成社会主义现代化强国的高度去考量。

第二，对于部分基础理论问题共识性认识不够。对于基础理论的科学认识，是开展研究的基础与前提。从当前已有研究成果来看，学者们对于时代新人及社会主义现代化强国的概念内涵认识角度不一，存在多种见解，还未形成共识性的意见，需要进一步研究阐发。

第三，对于实践问题的探讨需要进一步深化。时代发展日新月异，飞速变化的时代带来了全新的使命任务，无论是对全面建成社会主义现代化强国，还是对时代新人的培育，都在不断提出新的"考题"，需要我们用发展的眼光看问题，秉持与时俱进、实事求是的研究态度去进行考量，不断增强研究内容的时代性和现实性。

三、研究思路

本书立足强国视域，以时代新人为主要研究对象，主要回答时代新人培育的主要路径等问题。具体内容主要包括时代新人是什么、为什么要培育时代新人、当前培育时代新人有什么困境、如何培育时代新人等问题。本文坚持问题导向、实践导向、目标导向，坚持系统思维，遵循"是什么""为什么""怎么做"的逻辑理路，对强国视域下时代新人培育进行系统性、整体性研究。根据总体思路，拟从四个部分展开研究：

第一部分：强国视域下时代新人培育的基础理论研究。本部分是全书基础性部分，通过析题破题，为后续研究内容奠基，主要进行概念阐释、理论溯源的探讨，旨在回答清楚"是什么"这一问题。具体研究内容包括积极探讨时代新人的科学内涵，深入剖析社会主义现代化强国的深刻内涵，精准把握时代新人培育与全面建成社会主义现代化强国的内在契合点，强国视域下时代新人培育的理论基础、实践基础等。

第二部分：强国视域下时代新人培育的目标方向研究。拥有明确的目标，就有了前进的方向。不是所有的人都能称得上是"时代新人"，它有一个基本的"门槛"，有一套系统的"标准"，只有够得上这个门槛，符合这一条标准的人才能称之为"时代新人"，才是我们在培育时代新人过程中的"心之所向"。本部分坚持目标导向，立足于全面建成社会主义现代化强国的伟大征程，遵循立德树人的基本规律，从多方面探讨时代新人培育的奋斗目标，强调时代新人要树立远大理想、热爱伟大祖国、担当时代责任、勇于砥砺奋斗、练就过硬本领、锤炼品德修为，确保更多的有理想、敢担当、能吃苦、肯奋斗的新时代好青年投身到党和国家的伟大事业中来。

第三部分：强国视域下时代新人培育的历史必然性研究。时代新人的培育是从历史实践中汲取经验，从当下要求中明确行动，从未来发展中确立方向，从长远来看，培育一代又一代时代新人也是功在千秋、利在当代的一项重要工程。本部分着重回答的就是"为什么"在强国建设征程中要推进时代新人培育这一重要问题。要充分认识到在全面建成社会主义现代化强国的伟大征程中，培养担当民族复兴大任的时代新人的重要性，从对党、对国家以及对人自身三个层面来探讨时代新人培育的重要意义；要精准分析强国视域下时代新人培育的现实困境，坚持问题导向，秉承实事求是的态度，坦然地直面问题、科学地认识问题、系统地分析问题，对当前时代新人培育的现实效果进行深入考察，挖掘其中仍存在的短板、难题与困境；要深入探讨强国视域下时代新人培育必须遵循的基本原则，强调要培育能够肩负起时代重任的时代新人，必须坚持"五个相统一"的基本原则。

第四部分：强国视域下时代新人培育的创新路径研究。"空谈误国，实干兴邦"，培养担当民族复兴大任的时代新人从来就不是一句空洞无物的口号，而是切实地付诸实践，要为党和国家的事业发展培育出合格的建设者和可靠的接班人。系统思考、科学阐释强国视域下时代新人培育的创新路径，是本书的核心部分，即要回答好强国视域下时代新人培育"怎么做"的重要课题。本部分将从多个角度、多重主体出发，深入思考培育时代新人的创新路径，强调要强化政治引领、坚持以文化人、注重社会实践、重视技能提升、突出先锋力量、激发创新精神，激励广大青年群体在建设新时代中国特色社会主义的康庄大道上奋力奔跑，勇当强国先锋、争当复兴栋梁、甘当事业闯将。

第一章　强国视域下时代新人培育的核心要义

时代新人到底是什么样的人？强国建设到底要着力推进哪些方面的建设？这些问题都是亟待回答的基础性问题。只有深入了解、系统掌握"是什么"的基础问题，才能展开对强国视域下时代新人培育"为什么""怎么做"等重要问题的思考。

第一节　时代新人的科学内涵

一千个人眼中有一千个哈姆雷特，如果要对时代新人进行"描容画像"，也许每个人心中都有不同的立体化呈现。时代新人是响应时代感召应运而生的群体，青年群体作为社会主义事业的建设者和接班人，是时代新人的主体构成。"奋斗""幸运""进步""实干"是时代新人最鲜明的特征，简而言之，时代新人就是生逢盛世、掌握良机、全面发展、堪当大任的奋斗青年、幸运青年、进步青年和实干青年。

（一）时代新人是立足新时代的奋斗青年

2017 年 10 月 18 日，习近平总书记在党的十九大报告中庄严宣告："经过长期努力，中国特色社会主义进入了新时代，这是我国发展新的历史方位。"[①]"新时代"是时代新人所处的历史方位，新时代的发展成就为时代新人的成长

---

① 习近平：《习近平谈治国理政（第三卷）》，外文出版社，2020，第 8 页。

成才奠定了坚实的根基，经济实力、科技实力与综合国力在新时代的显著变化与进步，让时代新人的发展基础更为坚实、发展动力更为强劲、发展意愿也更为充足。

新时代是经济水平显著提高的时代。雄厚的经济实力是推动时代新人成长成才的先决条件。党的十八大以来，中国共产党带领全国各族人民创造了一个又一个经济奇迹。经济发展水平与人民生活水平息息相关，可以说居民收入和消费支出情况大体反映一国的经济发展水平。党的十八大以来，我国居民收入与消费水平显著提高，生活质量显著提升，足以证明新时代经济社会发展成效显著。按照国家统计局公布的数据，2023 年全国居民人均可支配收入共计39218 元，比 2012 年的 16510 元增加 22708 元，城乡之间、东中西部之间的收入差距也在持续缩小，纵观历年人均可支配收入数据，农村居民人均可支配收入增速快于城镇居民，中西部地区人均可支配收入增速明显快于其他地区。在收入水平持续增长的同时，居民消费水平也在不断提高，2022 年全国居民人均消费支出 26796 元，比 2012 年的 12054 元增加 14742 元。① 从以上数据可以看出，新时代以来，人民群众的消费能力不断增强、消费结构不断优化，生活品质不断提高。群众在衣食住行等日常生活消费之外，教育文化娱乐等发展型享受型的消费也在日益提升。值得一提的是，我们党带领广大人民群众在新时代完成了消除绝对贫困的历史重任，"现行标准下 9899 万农村贫困人口全部脱贫，832 个贫困县全部摘帽，12.8 万个贫困村全部出列，区域性整体贫困得到解决"②，创造了一个彪炳史册的人间奇迹，由此也可看到我国经济水平正在整体发力，显著提升。

---

① 国家统计局：《2023 年居民收入和消费支出情况》，https：//www.stats.gov.cn/sj/zxfb/202401/t20240116_ 1946622.html，访问日期：2024 年 1 月 17 日。
② 习近平：《习近平谈治国理政（第四卷）》，外文出版社，2022，第 125 页。

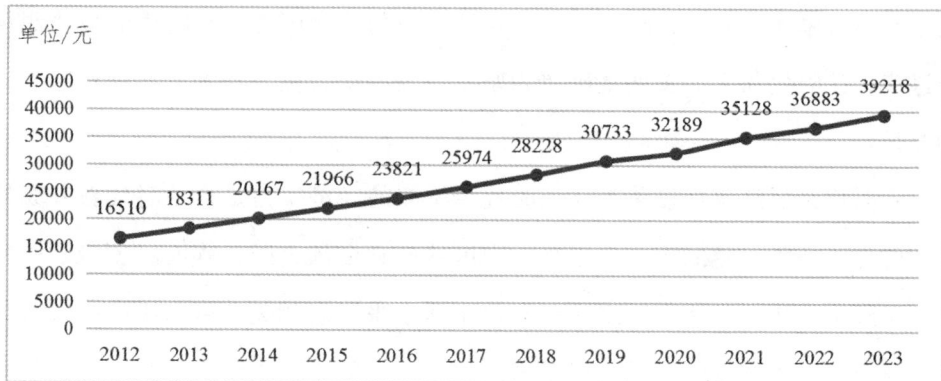

图二　2012—2023 年居民人均可支配收入情况表

新时代是科技实力显著增强的时代。坚实的科技实力是推动时代新人成长成才的坚实基础。科技是第一生产力、人才是第一资源，科学技术的发展与先进人才的培育从来都是相辅相成、密不可分的。一方面，科技水平的提升，呼唤培育更为进步的人才队伍；另一方面，人才队伍的不断壮大，也推动着科学技术的不断创新。重视对科研的投入，是我国的一贯传统，21 世纪以来，我国科技投入显著增长，在全社会营造了重视科研、尊重科研的良好氛围，让广大科研工作者能够无后顾之忧地"大展身手"。2022 年，我国研究与试验发展经费共计投入 30782.9 亿元，其中基础研究 2023.5 亿元，应用研究 3482.5 亿元，试验发展 25276.9 亿元[①]。截至 2022 年，我国研究与试验发展经费投入强度水平位列全球第 13 位，基础研究经费投入居于全球第 2 位，较之 21 世纪初，我国研发投入水平扩大了 33 倍。在党和国家的高度重视，以及科研工作者的辛勤努力下，我国在多个领域取得了一批标志性、引领性的重大原创成果；"天宫"空间站、五百米口径球面射电望远镜、散裂中子源等一大批"国之重器"相继建成并投入使用；"嫦娥"奔月、"玉兔"逐月、"蛟龙"探海、"悟空"问天、"墨子"传信，中国科研人以独特的文化基因，赋予了科技无与伦比的浪漫；

---

① 国家统计局，科学技术部，财政部：《2022 年全国科技经费投入统计公报》，https：//www. stats. gov. cn/sj/zxfb/202309/t20230918_ 1942920. html，访问日期：2023 年 9 月 18 日。

以屠呦呦为代表的中国科研人员在国际上斩获多项重量级大奖，赢得了良好的科研声誉。

新时代是综合国力显著提升的时代。强大的综合国力是推动时代新人成长成才的重要动力。"时代造就青年，盛世成就青年"①，进入新时代，我国综合国力显著增强，在国际社会上的作用越来越举足轻重，一个负责任大国的形象巍然屹立在了世界东方。一方面，我国经济增速、创新能力等始终居于世界前列。党的十八大以来，我国经济增速大大高于世界平均水平，经济总量始终稳居世界第 2 位，对外贸易总额居于世界首位，我国对世界经济增长的平均贡献率大大高于其他国家，已然成为推动世界经济增长的第一动力。根据世界知识产权组织（WIPO）发布的《2023 年全球创新指数报告》，2023 年，我国创新指数居于全球第 12 位；世界 5 大科技集群中中国占有 3 席，中国是世界上科技集群数量最多的国家。② 另一方面，"中国倡议""中国方略"在世界范围内广受好评。党的十八大以来，"一带一路"倡议提出并落实，截至 2021 年末，我国已与 145 个国家、32 个国际组织签署 200 余份共建"一带一路"合作文件，涉及多个领域③；"人类命运共同体"这一中国方略，也在世界范围内受到广泛认同；2021—2023 年 3 年间相继提出了全球发展倡议、全球安全倡议、全球文明倡议，彰显了新时代中国的全球治理观，在世界百年未有之大变局中，为世界发展注入一针"强心剂"，在时代潮流中稳步向前。

（二）时代新人是共享新机遇的幸运青年

党的十九大作出了"我国社会主要矛盾已经转化为人民日益增长的美好生

---

① 中华人民共和国国务院新闻办公室：《新时代的中国青年》，人民出版社，2022，第 5 页。

② 中国服务贸易指南网：《世界知识产权组织发布 2023 年全球创新指数报告》，http：//tradeinservices. mofcom. gov. cn/article/news/gjxw/202310/157768. html，访问日期：2023 年 9 月 27 日。

③ 国家统计局：《"一带一路"建设成果丰硕　推动全面对外开放格局形成——党的十八大以来经济社会发展成就系列报告之十七》，https：//www. stats. gov. cn/sj/sjjd/202302/t20230202_ 1896693. html，访问日期：2022 年 10 月 9 日。

活需要和不平衡不充分的发展之间的矛盾"的科学判断。新时代以来，我们党带领人民群众勠力同心，在着力解决我国社会主要矛盾方面取得了显著的成绩，这也为时代新人的成长成才创造了条件。

第一，生活水平显著提高，让时代新人在追逐梦想的过程中，奔跑更为安心。歌曲《越来越好》的歌词唱得好："房子大了电话小了感觉越来越好；假期多了收入高了工作越来越好；商品精了价格活了心情越来越好；天更蓝了水更清了环境越来越好。"在新时代，广大人民群众关心的焦点不再是如何解决温饱问题，日常生活水平有了更高的追求，都过上了越来越好的生活，特别是在广大青年群体中，他们憧憬、向往更高品质的美好生活。在吃穿住行各个方面，青年群体的消费行为正在从大众化向健康化、个性化、丰富化、品质化方向发展。以往追求的吃得饱、穿得暖、住得安、行得通已经悄然转变为吃得健康、穿得时尚、住得舒适、行得快速，实现了质的提升。不仅物质生活水平大大提高，精神生活也更为富足。文化产业更为丰富，文化样态更为多元，传统文化产业稳定发展，新兴文化产业也在不断创新，进一步丰富了青年群体娱乐身心的文化选择；无论城市还是乡村，图书馆、文化馆、主题公园等公益性文化基础设施也在不断完善，公共文化服务水平有效提高，进一步提高了青年群体的生活品位；旅游活动、研学活动的进一步发展，给了广大青年群体走出"书斋"出来看看的机会，极大增强了青年群体的见识与阅历，进一步开阔了青年群体的文化视野。总的来说，物质生活和精神生活的极大提高，造就了当今社会追求卓越、品位高雅的时代新人。

第二，教育水平显著提升，让时代新人在追求进步的过程中，动力更为强劲。尊师重教是我国自古以来的传统，无论是社会还是家庭，都充分认识到教育对于个人成长成才的重要性。俗话说"再穷不能穷教育，再苦不能苦孩子"，一个国家对于教育的重视程度决定了其发展的后劲。我国对于教育事业一直是大力支持的，也取得了显著的成就。在基础教育方面，我国城乡之间、区域之间教育的差距在逐渐缩小，教育普及水平大幅提高，总体上处在世界中上行列，办学条件持续改善，教育质量持续提高，在解决群众急难愁盼问题的过程中使得人们受教育水平和文化素质一直在稳步提升。在高等教育方面，通过大力推进"211"工程、"985"工程以及"双一流"建设，我国高等教育质量飞速发展，一大批高校在国际社会上享有较高声誉，一大批学科跻身世界一流水平，高等教育整体水平进入了世界第一方阵，并且还有着较好的发展前景和势头。与此同时，借助互联网技术的发展，教育也突破了时空界限。网络对于新时代青年学生而言已经从"新鲜事物"转变为"日常必备品"，据统计，学生网民中至少掌握一种初级数字技能的比例达98.5%，至少掌握一种中级数字技能的比例达81.0%。[①]"互联网＋教育"在新时代蓬勃发展，以慕课为例，截至2022年2月底，我国上线慕课数量就已超过5.25万门，注册用户达3.7亿[②]，人们可以通过网络平台，学习到优质课程，让广大青年能够随时随地学习，与名师对话、与学友交流，教育机会更加均等、丰富。

第三，职业选择更为多样，让时代新人在追寻价值的过程中，视野更为远大。时代在发展，社会在进步，飞速发展的经济社会也呼唤着一批新人才，因此当代青年在求职过程中的选择也越来越多元。据统计，2019—2022年间，人社部先后公布了74个新职业，诸如云计算工程技术人员、区块链工程技术人员、机器人工程技术人员、集成电路工程技术人员等职业在列。这74个新职业不仅聚焦于高新技术产业，而且也涵盖了在传统产业转型升级过程中衍生出的新职业，如农业经理人、农业数字化技术员、食品安全管理师、家庭教育指导师、研学旅行指导师、职业培训师、民宿管家等。广大青年群体是就业的主力军，新职业提供了就业新选择，俗话说"三百六十行，行行出状元"，新职业

---

① 中国互联网络信息中心：《第52次中国互联网络发展状况统计报告》，https://www.cnnic.cn/NMediaFile/2023/0908/MAIN1694151810549M3LV0UWOAV.pdf，访问日期：2023年8月28日。

② 教育部高等教育司：《历史性成就，格局性变化》，http://www.moe.gov.cn/fbh/live/2022/54453/sfcl/202205/t20220517_627973.html，访问日期：2022年5月17日。

的出现让"三百六十行"的职业版图进一步扩大，让广大青年能够充分结合个人能力以及个人兴趣选择最适合自己的职业；新职业拓宽了就业新渠道，从当前发展情况来看，新职业的就业前景广阔，人才需求量巨大，供求还处于不平衡的状态，急需更多的专门人才加入，新职业也搭建了青年群体实现人生价值的新桥梁，青年群体勇于尝试新鲜事物、乐于追求进步，根据《新职业在线学习平台发展报告》的内容来看，"96％以上的职场人希望学习新职业……90％以上的企业希望通过新职业培训，提升员工成长空间"①，可以说新职业也推动了个人主动学习，以此增强个人综合素质，提升个人竞争力。

（三）时代新人是展现新面貌的进步青年

时代新人拥有优良高尚的道德情操、扎实完善的知识储备、刚健强大的身心素质、高雅文明的审美观念以及吃苦耐劳的精神品质。新时代青年追求卓越、渴望进步，致力于超越自己，立志在追梦征程中攀登高峰，在德、智、体、美、劳等各方面实现全方位发展，能力突出、素质优良，是时代新人的典型特征。

网络平台曾盘点当代青年所具备的重要美德，诚实守信、谦逊有礼、团结友爱、热心助人、慈善宽容等都成为当代青年群体的标签，他们都积极主动地践行着社会主义核心价值观。当代青年深明大德，始终爱党爱国爱人民，拥有着崇高的理想信念和坚定的价值追求，他们成长在飞速发展的新时代，是党和国家发展进步的亲身经历者和见证者，绝大部分当代青年对我国的道路、理论、制度以及文化表示由衷认同，对于我国发展所取得的成就表示由衷赞叹，对于党和国家事业的未来发展充满信心，始终保持着对党和国家的衷心拥护和赤诚热爱。当代中国青年也心怀大爱，他们积极弘扬正能量，传播真善美，是推动社会风气向上向善的重要力量。他们热心慈善，积极弘扬奉献、友爱、互助、

---

① 人社部：《首份新职业在线学习平台发展报告发布：新职业呈现供需两旺局面》，http://www.mohrss.gov.cn/SYrlzyhshbzb/dongtaixinwen/buneiyaowen/202007/t20200723_380359.html，访问日期：2023 年 8 月 28 日。

进步的志愿精神，参与各类志愿服务活动。无论是在重大赛事、活动现场，还是在扶危助困一线；无论是在学校企业，还是在田间地头，都能时常见到青年志愿者的靓丽身影。"予人玫瑰，手有余香"，青年群体在志愿服务的过程中不断锻炼自身，净化自身、提高自身，以自身行动塑造了当代青年的文明形象。

近年来，"夜校"又在青年群体中出圈，"上夜校充充电"成为青年群体追求进步的新风尚，由此可见青年群体一直在热爱学习、追求进步的道路上勇往直前，越来越多的青年群体已经把学习作为一种生活习惯及人生追求，随时学习、终身学习已经成为年轻人的一种生活方式。可以说，学习一直是当代青年创造美好生活、改变自身命运、追求个人理想、实现人生价值的主要路径。绝大部分青年群体仍处于受教育的阶段，在我国，高等教育规模不断扩大，截至2023年，各种形式的高等教育在学总规模达到4763.19万人，他们在学习中勤奋刻苦，术业专攻，在个人领域不断刷新成绩、攀登高峰。在今天，越来越多的青年学子追求更高层次的教育，继续深造的意愿也在逐渐增强，攻读硕士、博士研究生的人数也与日俱增，2023年，我国研究生招生130.17万人，比上年增加5.92万人，增长4.76%[①]。此外，还有一大批青年学子立志在更广阔的平台追梦逐梦，他们走出国门，积极拥抱世界，前往世界各地知名高等学府学习深造。

孟子曰："天将降大任于是人也，必先苦其心志，劳其筋骨，饿其体肤。"只有具备良好身心素质的青年群体才能担当起时代赋予的历史重任。近年来，在党和国家的关怀下，我国青少年群体的身心素质明显提升，展现了积极健康、自信向上的鲜明形象。在奥运会、亚运会等重大国际赛事中，新时代中国青年表现尤为亮眼，他们以强健的体魄、不服输的精神拼搏在竞技体育的赛场上，为祖国争得了一项又一项荣誉，让五星红旗的靓丽身影和《义勇军进行曲》激昂曲调成为赛场常态。2023年7月28日至8月8日，第31届世界大学生夏季

---

① 教育部：《2023年全国教育事业发展基本情况》，http：//www.moe.gov.cn/fbh/live/2024/55831/sfcl/202403/t20240301_1117517.html，访问日期：2024年3月1日。

运动会在四川成都成功举办，中国青年学子在本次大赛上取得了优异成绩，共斩获 103 枚金牌、40 枚银牌以及 35 枚铜牌，无论是金牌数还是奖牌总数都位列第一，且远超排名第二的国家。这一系列重大成就的取得，也从侧面说明了中国青年的身心素质一直在向好向强。

当代青年善于挖掘生活之美，有一双善于挖掘美、发现美的眼睛，日常生活中的大事小事在当代青年群体的眼中都能成为美好的代名词。无论是自然界中的万千风景，还是历史发展中的高低起伏；无论是岁月静好，还是酸甜苦辣，在当代青年眼中都有别样风彩。当代青年积极宣扬人性之美，有着积极向上向善的显著品格，对于彰显人性光辉的人、物、事，总是保有特殊的情感，乐于从中汲取鼓舞前进的精神力量，同时自身又身体力行、切身实地地践行着崇高美德。当代青年乐于品味文化之美，文化素养显著提高，在学习生活中不再局限于被动地接受知识，还善于在文化中探寻其深厚的韵味。无论是诗词歌赋，还是话本小说；无论是中国文学，还是西方文学，当代青年都致力于在翰墨书香中领会其终极奥义。当代青年喜于鉴赏艺术之美，近些年来，京剧、昆曲等国粹艺术越来越受到年轻群体的喜爱，话剧、舞剧等高雅艺术也常常一票难求。以往常说曲高和寡，但在当下，无论是阳春白雪，还是下里巴人，在青年群体中都有一群拥护者。这都应该归结于青年群体审美的提升。

曾几何时，社会一度对青年群体产生了一定的刻板印象，认为当代青年是在"蜜罐子"里娇生惯养长大的，缺乏吃苦耐劳的可贵品质。但事实上，当代青年群体仍然继承了先辈们吃苦耐劳、艰苦奋斗的精神品格。不可否认，少数青年群体在奋斗征途中选择了"佛系""躺平"，但绝大部分青年还是积极向上的。青年群体甘于吃求学之苦，只有下苦功夫，才能求得真学问，当代青年求学数载，勤于思考、勇于探索，力求不断扩充自身知识储备，为党和国家的事业发展做出贡献。当代青年甘于吃成长之苦，为了追求成长成才，当代青年甘于奉献，愿意在艰苦的环境中磨炼自己的能力、心性，一步一个脚印地把自身锤炼为素质过硬、本领高强的人才。当代青年也敢于直面生活之苦，没有谁的人生路途是一马平川、一帆风顺的，总是会有一些羁绊，出现高低起伏。但当代青年群体总是会以积极乐观的心态直面困难，不畏惧、不气馁、不退缩，总是以踔厉奋发的姿态以及昂扬澎湃的形象勇毅前行。

（四）时代新人是勇挑新使命的实干青年

对于高速发展的时代和欣欣向荣的事业而言，广大青年群体是未来，是希望，可以说谁能将广大青年牢牢团结在自己周围，谁就掌握了干事创业的先机，拥有了取得成功的巨大潜力。当代中国青年朝气蓬勃，昂扬向上，具有崇高的使命感和责任感，身上担负着全心全意为人民服务的崇高使命，肩负着实现中华民族伟大复兴的历史重任，在时代洪流中心怀"国之大者"，力行"民之小事"，不断绘就全面建成社会主义现代化强国的美好蓝图。

当代青年积极追求进步，始终坚定信仰，积极向党组织、团组织靠拢，成为一名共产党员、共青团员的意愿高涨，在政治生活中的重要作用也愈发凸显。截至 2023 年 12 月底，中国共产党党员人数共计 9918.5 万名，其中 30 岁及以下党员共计 1241.2 万名，占比约 12.5%，学生党员共计 277.1 万名，占比约 2.8%；在 2023 年新发展的 240.8 万名党员中，学生党员 91.9 万人，占比达到 38.2%。① 截至 2023 年 12 月底，全国共有共青团员 7416.7 万名，学校团组织 190.5 万个，团员 3824.5 万名。② 积极要求进步的青年群体，对自身始终坚持高标准、严要求，不仅仅以"合格"作为目标，更是以"卓越""优秀"作为自己的不懈追求。今天，已有一大批青年才俊在各级人大、政协的岗位上发光发热，认真履职尽责，不仅仅在书斋之中畅听"风声雨声读书声"，更是积极投身社会之中关心"家事国事天下事"，不断增强社会责任感和主人翁意识，积极围绕经济社会发展的重大时代课题建言献策，以青春之我，书写时代华章，在与时代同频共振的过程中不断激荡家国情怀。

---

① 中共中央组织部：《中国共产党党内统计公报》，《人民日报》2024 年 7 月 1 日第 1 版。
② 共青团中央：《中国共青团团内统计主要数据》，《中国青年报》2024 年 5 月 4 日第 1 版。

工人	农牧渔民	企事业单位、社会组织专业技术人员	企事业单位、社会组织管理人员	党政机关工作人员	学生	其他
6.6%	15.6%	14.6%	11.1%	4.9%	38.2%	9.0%

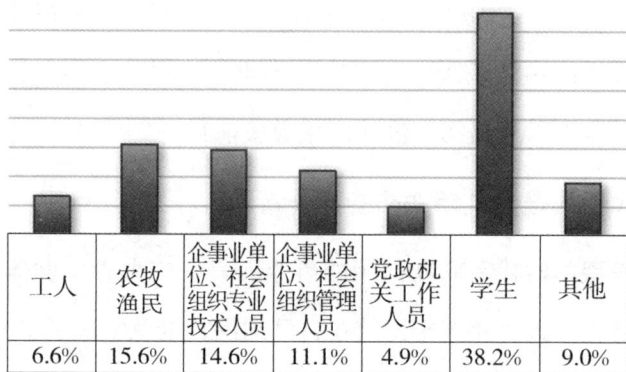

图三　2023 年新发展党员职业构成比例

当代中国青年在平凡岗位上默默奉献。他们不以"钱途"论前途，甘坐"冷板凳"，敢啃"硬骨头"，在最艰苦、最急需的地方，总有一大批青年群体在扎根奉献。好青年志在四方，发达城市已不再是青年群体的唯一选择与出路，一大批青年响应"到基层去、到西部去、到祖国最需要的地方去"的号召，在祖国广袤的大地上成就了一番事业。西部计划实施 20 年来，超过 54 万名大学生志愿者在 2000 多个县（市、区、旗）挥洒青春汗水，贡献自身力量;① 一大批青年学子通过"三支一扶"，将自身所学与现实所需紧密结合在一起，最大限度地发挥自身价值；数百万青年学子积极参与"三下乡"社会实践活动，他们深入基层宣讲科学理论、观察发展成就、促进民族团结，为乡村振兴和共同富裕注入了生机活力。在西部，研究生支教团的成员们带领孩子们徜徉在知识的海洋里，点亮了一个又一个梦想；在农村，青年农民群体将农业插上科技的翅膀，推动增产增收；在实验室里，青年科研工作者埋头苦学、反复试验，力图解决"卡脖子"难题。当代青年不怕苦与累，不求功与名，总是立足本职岗位，甘做一颗小小螺丝钉。

当代中国青年在紧要关头时冲锋在前。"铁肩担道义，妙手著文章"，当代

---

① 共青团中央：一句"这里需要我！"二十余年来，54 万余名大学生和西部双向奔赴……https：//mp. weixin. qq. com/s/_ J414kxtydjT1EAIYycDTQ，访问日期：2024 年 10 月 30 日。

中国青年绝不是手无缚鸡之力的"文弱书生"，而是"十八般武艺"样样精通的全能人才，他们总是在最艰难、最困苦的时候勇往直前，让青年这一面闪光的旗帜在一线高高飘扬。青年群体是排头兵、生力军，拼搏在救灾最前线的是青年，奋斗在攻坚最前线的是青年，奉献在突击最前线的也是青年。天灾无情人有情，广大青年群体在灾难到来时总是迅速响应，进行最伟大的"逆行"，驰援救灾一线。无论是抗震救灾，还是抗洪抢险，抑或紧急救援，青年群体们总是闻令而动、冲锋在前。当然，其中也免不了流血牺牲，以青年消防队伍而言，近五年已有165名同志在灭火救援等任务中献出了宝贵生命，1300多人光荣负伤，充分展现了当代青年不怕牺牲、人民至上的信念。①

当代中国青年在世界舞台上自信发声。在开放包容的时代，中国青年也挺直腰杆积极融入世界、拥抱世界，发出中国声音、展现中国形象。一批中国青年在国际组织中担当重要角色，积极为全球治理贡献中国青年的智慧；一批中国青年在联合国等重要国际组织中，针对和平发展、环境保护、创新创业等重要议题发出青春之声，展现了当代中国青年的青春担当；一批中国青年通过人文交流，与世界青年在教育、科学、文化等领域密切合作；也有一批中国青年自觉成为文化使者，通过线上线下相结合的方式，积极向世界人民介绍中国文化，展现具有浓厚历史底蕴与人文底蕴的传统中国，以及具有深厚科技实力、经济实力的现代中国。

第二节　强国建设的丰富内涵

从文化词源学的视角来看，作为政治术语的"强国"一词兼具双重属性，从过程论的角度来看，"强国"可以理解为"通过各种途径使国家繁荣、强盛

---

① 新华社，应急管理部：5 年来消防救援队伍 165 人牺牲 . http：//baijiahao. baidu. com/s？id＝178189295530815433&wfr＝spider&for＝pc，访问日期：2023 年 11 月 7 日。

起来"之意；从结果论的角度来看，"强国"也可以解释为"一个繁荣富强、文明昌盛的国家"，在当今政治环境中也可以将其理解为"在国际关系、国际事务中发挥着重要作用的国家"。

从深刻厚重的中华传统文化的视角来看，"强国"一词由来已久，如何治理好国家，如何使自己的国家变得强盛，也是每一个统治者都会思考的重要问题。一大批古代思想家的治国思想流传至今，仍具有一定意义，例如：孔子提出"为政以德""为国以礼"，孟子曾指出"国君好仁，天下无敌焉"，突出强调统治阶级实行仁政对于国家强盛的重要意义；荀子著有"强国"一篇，深入阐发了其强国思想，在荀子看来，要想使得自己的国家繁荣强盛，就必须重视道德和信义的重要作用，要做到"隆礼尊贤""重法爱民"；商鞅则提出"变法"思想，在具体的实践中意图通过废除井田、重视农桑、奖励军功以及建立县制等一系列改革措施来使国家变得强大。

从构成要素的视角来看，"强国"应该是一个综合性的整体。第一，经济基础决定上层建筑，一个经济实力雄厚的国家才能称得上是强国。历史已经充分证明，积贫积弱只会带来阻力，只有经济强盛才能激发出托举国家发展的底气和力量，可以说经济是衡量一个国家强盛与否的首要指标。第二，一个政治和谐稳定的国家才能称得上是强国。拥有一个稳定的政治环境，是促进其他各方面事业发展的前提，只有拥有一个风清气正的政治生态，才能有效提升社会发展的有序性、稳定性与和谐度，才能够大大提高人民群众的获得感、幸福感和安全感。第三，一个文化繁荣的国家才能称得上是强国。在当今世界，文化所展现出来的软实力已经为越来越多的国家所重视，一个国家的历史文化底蕴所展现出来的力量是巨大的。在没有战争硝烟的时代，一个国家的文化吸引力、文化软实力深深影响着其在国际大舞台中的形象。一个国家，只有重视文化发展、积极推陈出新，才能在文化软实力的博弈中取得先机。第四，一个军事力量强大的国家才能称得上是强国。"贫穷就要挨饿、落后就要挨打"，这是从历史沉浮中所得出的一条重要经验。军事实力历来被视作衡量一个国家综合国力的重要指标，雄厚的军事实力是维护国家主权与领土安全的重要力量，是有效捍卫民族尊严的重要法宝。当然，和平应是每一个国家共同追求的目标，一个强国绝不能以雄厚的军事实力欺压其他国家，否则将会陷入"国强必霸"的修昔底德陷阱。第五，一个人民幸福安康的国家才称得上是强国。人民幸福与否是衡量一个国家是否为强国的终极奥义，只有赢得民心，一个国家才能兴旺发达。一个真正意义上的强国必然是坚持以人为本、人民至上的国家，人民对美好生活的向往与追求也是一个强国干事创业的目标与方向。

聚焦到我国，我们所强调的"强国"专指社会主义现代化强国。习近平总书记在党的二十大报告中明确指出："从现在起，中国共产党的中心任务就是团结带领全国各族人民全面建成社会主义现代化强国、实现第二个百年奋斗目标，以中国式现代化全面推进中华民族伟大复兴。"① 从党的二十大报告来看，"强国"是一个极具时代意义和历史意义的重大命题，纵观报告全文，"强国"共出现 25 次，一个核心内容是要"全面建成社会主义现代化强国"，并且从实际情况出发，做出了两步走的战略安排，即"从二○二○年到二○三五年基本实现社会主义现代化；从二○三五年到本世纪中叶把我国建成富强民主文明和谐美丽的社会主义现代化强国"②。从报告内容来看，社会主义现代化强国涵盖方方面面，主要涉及以下内容：

（一）教育强国

尊师、重教、崇道、尚学是我国自古以来崇尚的优良传统，是源远流长的中华文明传承至今仍然保持生机活力的重要源泉，是推动中华民族历久弥新、

---

① 习近平：《高举中国特色社会主义伟大旗帜 为全面建设社会主义现代化国家而团结奋斗——在中国共产党第二十次全国代表大会上的报告》，《人民日报》2022 年 10 月 26 日第 1 版。

② 习近平：《高举中国特色社会主义伟大旗帜 为全面建设社会主义现代化国家而团结奋斗——在中国共产党第二十次全国代表大会上的报告》，《人民日报》2022 年 10 月 26 日第 1 版。

生生不息，仍然保持朝气蓬勃精神风貌的不竭动力。教育与每一个人息息相关，优质教育是每个人的美好生活需求中不可或缺的部分。习近平总书记强调，"建设教育强国，是全面建成社会主义现代化强国的战略先导"①，由此可见扎实推进教育强国建设的极端重要性。党的十八大以来，我们党和国家在教育方面精准发力，取得了一系列重大成就，充分彰显了我国的教育实力。但是，我们必须清晰地认识到，向教育强国迈进的步伐还未停止，还需继续努力，持续推进。第一，要继续深化对"培养什么人、怎样培养人、为谁培养人"这一根本问题的思考，强化立德树人实效，着力培养一批又一批堪当大任的时代新人；第二，要继续深化教育改革，在建设高质量教育体系等方面下苦功，继续在全社会营造好学、善学的良好氛围，不断提高广大人民的受教育程度；第三，要继续提高教育服务高质量发展的能力，瞄准难题、把握重点，注重加强战略性，推动产学研相结合，从教育事业中孵化出推动经济社会发展的重点人才；第四，要注重教育公平，激发教育活力，多措并举缩小地区之间、城乡之间、学校与学校之间的差距；第五，要增强我国教育事业的国际影响力，要积极增强我国教育事业的国际声望，打造中国教育的靓丽名片；第六，要注重培养一批素质高、能力高、本领高的教师队伍，坚持教育家精神，最大限度地发挥教师群体在建设教育强国方面的重要作用。

（二）科技强国

在筚路蓝缕的发展历程中，党和国家已经充分认识到科学技术是第一生产力，只有插上科技的"翅膀"，事业才能腾飞。党的十九大以来，我国在基础研究、高新技术、高端产业等方面取得了瞩目成就。在民生、国防等领域，科学技术的力量也愈加凸显。建设科技强国任重道远，在新一轮科技革命和产业变革突飞猛进的时代背景下，我国完全拥有坚实的科技基础与科研能力以及坚

---

① 习近平：《扎实推动教育强国建设》，《求是》2023 年第 18 期，第 4 – 15 页。

定的发展底气与创新信心来应对科技领域日新月异的变化。建设科技强国，我们必须以必胜的信心加强科研攻关，提升问题意识、强化创新观念、突出目标导向，瞄准关键技术集中发力；建设科技强国，我们必须汇聚强大的合力助力科研创新，紧跟发展大势，强化责任意识，找准自身优势，科学合理地布局科技创新；建设科技强国，必须以坚定的决心推进科技体制改革，坚决消除阻碍科研发展的消极因素，让科研单位、科研工作者拥有更多的自主权，充分激发创新活力，让广大科研工作者在良好的科研氛围中大展拳脚；建设科技强国，还必须以开放包容的心态推进科技交流，深化国际科研交流与合作，深度参与全球科技治理，让全世界人民拥有更多贡献科技成果的机会；同时，建设科技强国还必须以前瞻性的思维构建人才队伍，推动广大科研工作者树立未来事业，积极培育未来技术的创新人才。

（三）人才强国

国家兴盛，人才为本；千秋伟业，人才为基，当前我国经济社会发展所取得的巨大成就，都是伟大的人才一茬接着一茬干出来的。各行各业的飞速发展都离不开一批又一批具有专业知识和坚定理想信念的人才。面对时代的飞速发展，我国于 21 世纪初提出了"人才强国战略"，将人才的问题上升到了国家战略的高度进行综合考量，旨在满足我国经济社会发展需要，提升我国的综合竞争力。新时代，我国高度重视人才工作，坚定不移地推进人才强国战略，人才工作取得了历史性成就、发生了历史性变革，习近平总书记的重要讲话中就曾明确指出"全国人才资源总量从 2010 年的 1.2 亿人增长到 2019 年的 2.2 亿人，其中专业技术人才从 5550.4 万人增长到 7839.8 万人"[①]。教育强国、科技强国与人才强国的建设是紧密联系、相辅相成的。建设人才强国，要聚焦人才培养，通过发展教育提高培养质量，为各行各业输送一批立场坚定、业务娴熟、能力

---

① 习近平：《深入实施新时代人才强国战略　加快建设世界重要人才中心和创新高地》，《求是》2021 年第 24 期，第 4 - 15 页。

突出的人才，不断充实、优化人才资源，让党和人民事业发展后继有人；建设人才强国，也要突出用人导向，根据经济社会发展的现实需求与未来技术发展的广阔前景有针对性地进行人才培养，干在实处，走在前列，储备人才资源，抢占发展先机。

（四）文化强国

文化是一个国家、一个民族最深沉的力量。源远流长的中华优秀传统文化见证了中华民族发展壮大的历史，深深熔铸了中华儿女独特的精神基因。文化兴，则国运兴，大力推进文化强国建设，有利于充分发挥文化作为精神纽带的重要作用，充分激发文化自觉与文化自信，形成强大的民族凝聚力；大力推进文化强国建设，也有利于增强文化软实力，大大提高中华文化影响力，让内涵深厚、内容丰富的中华优秀传统文化在 21 世纪的今天焕发新的时代光彩；大力推进文化强国建设，也有利于提升广大人民群众的精神境界，提高人民群众的思想道德素养，通过以文化人形成文明和谐的社会氛围。建设文化强国，必须深刻把握当今时代发展的脉搏、文化发展的趋势，坚定不移地走中国特色社会主义文化发展道路。必须大力传承和弘扬中华优秀传统文化、革命文化和社会主义先进文化，在传承保护的过程中注入新的生机与活力，实现创造性转化和创新性发展；坚持"百花齐放，百家争鸣"的方针，推动文化事业和文化产业的大发展、大繁荣，让更多贴近实际、贴近生活、贴近群众的文化作品服务人民群众，为满足人民美好生活需要添砖加瓦。与此同时，也要大力提高文化软实力，发出中国声音、讲好中国故事、展现中国魅力，让中国文化在世界舞台上绽放光彩，不断创造新的辉煌。

（五）体育强国

体育是展现健康体魄、展示青春风貌的重要途径。在体育运动中能够激发出个体追求卓越、超越自我的强大动力，也能迸发出凝心聚力实现民族复兴的强大精神力量。从容国团为中国斩获第一个世界冠军，到许海峰在洛杉矶奥运会上勇夺中国首枚奥运金牌；从中国女排飒爽英姿征战赛场，到如今乒乓球、跳水等"梦之队"傲视群雄，一代又一代体育健儿在"为国争光、无私奉献、科学求实、遵纪守法、团结协作、顽强拼搏"的中华体育精神引领下，创造了中国体育的"神话"。面向未来，推进体育强国建设，一定要立足于将体育事业打造成为全民的事业，大力发展群众性体育活动，推广全民健身，让全体国民都参与进来，体会体育的乐趣、共享健康的福利；要进一步加强职业体育发展，一方面要进一步夯实强势项目，加强人才队伍建设，进一步提高运动健儿的竞技实力，另一方面也要大力发展薄弱项目，让我国健儿在更多项目上具备争金夺银的实力；要大力发展体育产业，推动体育产业转型升级，从体育项目中挖掘推动经济增长的新动能；要大力传承和弘扬中华体育精神，挖掘和保护民族特色体育文化，大力推进体育文化建设；要充分发挥体育在对外交往过程中的独特作用，加强与世界各国、各地区之间的体育交流，不断提升中国体育事业的影响力。

（六）制造强国

提起"Made in China"，全球范围内都有口皆碑，中国制造已经成为享誉全球的一张靓丽名片，根据《2023 中国制造强国发展指数报告》显示，2022 年，中国制造强国发展指数达 124.64，在世界主要国家中居于较高水平，我国制造强国建设稳中有进。[①] 建设制造强国要坚持创新驱动，积极推动技术创新，开展核心技术攻关，在日益激烈的国际竞争中提升核心竞争力，推动中国制造向中国智造、中国创造转型；建设制造强国要坚持质量为先，在突破质量瓶颈上下功夫，从质量上着手改变低水平、低附加值的制造业状况，推动中国制造实现高质量发展；建设制造强国要坚持绿色发展，大力推进资源节约型和环境友

---

① 中国经济网：《2023 中国制造强国发展指数报告》：我国制造强国建设稳中有进，http://bgimg.ce.cn/xwzx/gnsz/gdxw/202312/29/t20231229_38848321.shtml，访问日期：2023 年 12 月 29 日。

好型的制造业发展，推动传统产业的绿色改造；建设制造强国要坚持结构优化，坚持优化产业布局，大力发展先进制造业，改造提升传统产业，推动生产型制造向服务型制造转变；建设制造强国也要坚持人才为本，加快打造一支专业人才队伍，走人才引领的发展道路。

（七）质量强国

质量是口碑的重要保证，只有质量强才能赢得广泛赞誉，反之则会拉低期待值、影响信誉度，建设质量强国则是我国在新一轮科技革命和产业变革中作出的战略选择。2023 年 2 月，中共中央、国务院印发了《质量强国建设纲要》，并强调到 2025 年，质量强国建设要取得阶段性成效。[①] 创新是提质升级的重要动力，建设质量强国要坚持创新为先，不断释放创新动能，为质量强国建设注入一针"强心剂"；要着眼于提升竞争力，着力突破阻碍高质量发展的瓶颈，不断优化产业链、供应链的现代化水平，推动产业质量全面提质升级；要大力提升产品、工程、服务质量水平，提高质量合格率；要坚持质量为王，大力推进品牌建设，让更多质量过硬的行业龙头领跑发展，打造一批名声响亮、质量过硬的中国品牌；要增强优质服务供给、提高服务效能，大力提高基础设施的现代化水平；要健全法律法规，完善监管体系，化解质量风险，优化发展环境，推动质量治理体系更加高效、更加完善。

（八）航天强国

茫茫太空充满太多奥秘，总是能够激发起人们不断探索的热情，嫦娥奔月、玉兔捣药、天狗食月，这是在科技匮乏的条件下，我国先民对宇宙的无限遐想。随着科技的发展与进步，各国在探索宇宙的路途中不断向前。纵观世界，我国在航空航天领域所取得的成绩尤为亮眼，在航空航天领域迈出的脚步始终位于世界前列。1970 年，我国第一颗人造卫星——"东方红一号"升空，标志着我

---

① 中国政府网：《中共中央 国务院印发〈质量强国建设纲要〉》，https：//www.gov.cn/gongbao/content/2023/content_ 5742204. html，访问日期：2023 年 2 月 20 日。

国成为世界上第五个独立研制、发射人造卫星的国家；2003 年，"神舟五号"飞船搭载航天员杨利伟成功完成各项任务，标志着我国成为世界上第三个独立掌握载人航天技术的国家。发展到今天，在太空中中国空间站已经全面建成，并开启了长期有人驻留的时代。中国空间站的建成也标志着载人航天工程的"三步走"发展战略的成功实现，中国航天又将踏上新的征途。在接下来的发展过程中，载人地月往返、月面短期驻留、人机联合探测也将逐步实现；火星探测和太阳探测计划也将有序进行。当前，越来越多的民营企业也涉足航天领域，据统计，截至 2022 年底，国内已注册并有效经营的商业航天企业数量达到433 家①，取得了一系列成就，标志着我国航天技术的飞速发展，商业航天产业未来可期。我国正在按计划一步一个脚印地向着航天强国的目标迈进，中国航天永远值得期待。

（九）交通强国

提起中国在交通领域的卓越成就，想必很多人脑海中都会浮现一个答案——高铁，截至 2023 年 11 月 30 日，我国高铁营业里程已达 4.37 万公里，高铁已经成为中国交通响当当的"金字招牌"。在广大人民群众中"要致富，先修路"的思想观念深入人心，由此可见人们对于交通运输重要性的深刻认同。便捷顺畅的交通大大节约了成本、提高了效率、增加了效益，在经济社会发展过程中发挥着无可比拟的重要作用。2021 年，中共中央、国务院印发了《国家综合立体交通网规划纲要》，实事求是地分析了我国交通发展现状，在总结我国交通发展成就的同时，也清晰地认识到交通运输还存在着发展不平衡不充分的问题，需要着力加以解决，为此强调要优化国家综合立体交通布局，推进综合交通统筹融合发展、高质量发展。该纲要对我国铁路、公路、水运、民航及邮政快递的未来发展目标进行了详细规划，强调要构建 6 条主轴、7 条走廊、8 条

---

①　白杨：《中国航天的 2023：步履不停　未来可期》，《21 世纪经济报道》2023 年 12 月26 日第 11 版。

通道，打造国际性综合交通枢纽集群、城市及港站。按照规划，我国交通运输未来将更为便捷顺畅，更为经济高效，更为绿色节约，更为智能先进，更为安全可靠，将我国打造成为真正意义上的交通强国。

（十）网络强国

从一定意义上而言，互联网是 20 世纪以来人类最伟大的发明之一，互联网传播迅速、沟通便捷、内容海量，大大节省了学习成本、沟通成本等，让当今社会的发展犹如坐上了"飞车"，高速向前发展。1994 年，我国正式加入国际互联网的大家庭，2024 年是我国正式接入国际互联网的第 30 年。30 年来，互联网在我国高速发展，深深地融入了我们的日常生活，在各行各业，使用网络已经是"家常便饭"。截至 2023 年 6 月，我国网民规模达 10.79 亿人①，大约 80% 的国民在日常生活中利用互联网学习工作或者消遣娱乐。新时代以来，我国互联网资源不断优化，基础资源稳定增长，数字基础设施服务功能不断强化；网站及 App 等互联网资源高速发展，截至 2023 年 6 月，网站数量已达 383 万个，App 数量已达 260 万款，涉及日常生活的方方面面，持续为网民提供全方位、宽领域的便利服务；互联网环境也在持续向好发展，国家高度重视优化网络环境，采取了专项行动，切实保护了网民利益。要推动我国由网络大国向网络强国迈进，仍然任重道远，一方面要把握好信息革命的机遇，掌握互联网发展的风口，乘着"互联网＋"的东风，加快创新速度、提高发展效率；另一方面要进一步普及新型信息化技术，让更多互联网创新发展的成果"飞入寻常百姓家"，为满足人民美好生活需要贡献力量。

（十一）农业强国

我国自古以来便秉持"以农为本"的思想，强调农业是立国之本，大力支

---

① 中国互联网络信息中心：《第 52 次中国互联网络发展状况统计报告》，https：//www.cnnic.cn/NMediaFile/2023/0908/MAIN1694151810549M3LV0UWOAV.pdf，访问日期：2023 年 8 月 28 日。

持农业发展。中华民族在推动农业发展的过程中，熔铸了辉煌灿烂的农耕文明，凝结了勤俭节约、艰苦朴素等宝贵品质，为推动人类社会发展做出了不可磨灭的重要贡献。聚焦到当下，在推进全面建成社会主义现代化强国的伟大事业中，建设农业强国是一个基础性工作。根据第三次全国农业普查数据，截至 2016 年末，我国耕地面积共计 134921 千公顷、实际经营的林地面积共计 203046 千公顷，实际经营的牧草地面积共计 224388 千公顷①，我国拥有丰厚的农业资源，这为我国建成农业强国奠定了坚持基础。"中国要强，农业必须强；中国要美，农村必须美；中国要富，农民必须富"②，建设农业强国，必须大力推进乡村振兴，在农村的广袤大地上干出一番新作为、书写一部新篇章。必须高度重视粮食安全，将粮食安全的主动权牢牢掌握在自己手中，端好自己的饭碗，确保农产品的稳定供给；必须大力推进农业现代化，加大在农业领域的投入，推动农业设施与技术更新换代、转型升级，解放农村生产力；必须坚持绿色生态发展理念，注重休养生息，保护好绿水青山。

（十二）海洋强国

从区位来看，我国位于亚洲东部，毗邻太平洋和印度洋，海域面积较大，总面积约为 473 万平方公里，有着长达 1.8 万千米的大陆海岸线，在海域中有着大小岛屿共计 7600 个。我国历来重视对海洋资源的开发与利用，在党的十八大报告中首次提出了建设"海洋强国"的目标，党的十九大进一步提出要"坚持陆海统筹，加快建设海洋强国"，党的二十大深刻强调了"发展海洋经济，保护海洋生态环境，加快建设海洋强国"。建设海洋强国，是要把开发海洋、利用海洋、保护海洋、管控海洋综合起来统筹推进。面向未来建设海洋强国，既要加强顶层设计，最大限度地发挥陆海统筹效应，以科技创新为抓手，增强开

---

① 《第三次全国农业普查主要数据公报（第一号）》，https：//www.stats.gov.cn/sj/tjgb/nypcgb/qgnypcgb/202302/t20230206_1902101.html，访问日期：2023 年 7 月 5 日。

② 中共中央文献研究室编：《十八大以来重要文献选编（上）》，中央文献出版社，2014，第 658 页。

发海洋、利用海洋的能力；也要牢固树立绿色发展的科学理念，坚持可持续发展，不断优化海洋发展格局，大力保护海洋生态环境，避免过度开发；同时，也要站稳立场，敢于同侵害我国海洋权益的势力进行斗争，坚定不移地维护国家主权安全和海洋权益，保障地区的和平与稳定。

（十三）贸易强国

近年来，我国贸易发展取得了显著的成就，根据国家统计局数据显示，2013～2021年，中国累计货物贸易进出口262.3万亿元，年均增长5.4%，累计服务进出口总额41.1万亿元，年均增长6.4%。[①] 发展到目前，我国已经成为名副其实的贸易大国，并向着建设贸易强国的目标稳步推进。建设贸易强国，要坚定不移地强化对外开放，以更包容的胸怀、更开阔的眼界实施更加积极主动的对外开放战略；建设贸易强国，要突出均衡发展，不仅要把贸易做大做强，而且还要进一步提高投资吸引力、产业竞争力，统筹国际市场与国内市场，注重进出口相协调、产品与服务相协调，贸易与投资相协调；建设贸易强国，要进一步深化合作共赢，积极参与国际经贸规则的制定，贡献更多的中国智慧；建设贸易强国，也要辩证看待发展与安全的关系，牢固树立总体国家安全观，敢于同危害国家安全、危害贸易安全的势力作斗争，筑牢贸易安全屏障。

第三节　时代新人培育的根本遵循

（一）时代新人的培育离不开马克思主义青年观的理论滋养

1835年，年轻的马克思在他的中学毕业论文中写下了这么一句话，"在选择职业时，我们应该遵循的主要指针是人类的幸福和我们自身的完美"，并且呼

---

① 孔德晨：《非凡十年，对外开放硕果累累》，《人民日报海外版》2022年10月18日第10版。

吁青年群体要选择"最能为人类福利而劳动的职业"①。这篇《青年在选择职业时的考虑》虽然是马克思在中学时期的作品，但从今天来看，仍然闪烁着思想的光辉，深刻道出了广大青年群体在面对未来抉择时的态度，充分彰显了一个进步青年应有的境界和格局，对当代青年群体有着深刻的借鉴意义。

培养担当民族复兴大任的时代新人，应以马克思主义青年观为指引，锻造能够在强国建设征程中发挥重要作用的排头兵、生力军。

培养担当民族复兴大任的时代新人，应该树立远大理想和道德风尚。就像马克思在《青年在选择职业时的考虑》中强调的那样，追求人类的幸福与追求个人的完美并不是对立的、冲突的，一个人只有在为人类幸福努力工作的过程中，才能充分发挥出个人的最大价值，这深刻地体现了共产主义所追求的道德风尚。要坚持将人的需要与社会的需要统筹起来看待，既要满足个人成长成才的需求，也要满足国家与社会发展壮大的需要。因此，一个合格的时代新人，一个能够承担起强国复兴伟业的时代新人，应该摒弃精致的利己主义，正确处理好个人与集体之间的关系，牢固树立远大的理想信念，培养高尚的道德情操，将青春之志投入到复兴浪潮之中，积极为人类幸福而奋斗。

培养担当民族复兴大任的时代新人，应该正确认识青年群体的鲜明特点。马克思曾根据不同的身心特点按照年龄段的方式对青少年群体进行分类，第一类是9—12岁，第二类是13—15岁，第三类是16—17岁，强调要按照不同年龄段的特点对其学习和劳作进行安排。② 青年群体思想活跃，个性鲜明，具有极强的可塑性，但不可忽视的是，部分青年群体也存在年轻气盛的短板，虽然有着较强的冲劲、闯劲，但有时也容易头脑发热、不计后果、草率决定。如果在青年群体成长道路上能够有一座光明的"灯塔"引路，能够依照其特点加以正确引导，则必然能够促使其成长成才。

---

① 马克思、恩格斯：《马克思恩格斯全集（第一卷 下）》，人民出版社，2001，第459页。
② 马克思、恩格斯：《马克思恩格斯全集（第二十一卷）》，人民出版社，2003，第269页。

培养担当民族复兴大任的时代新人，应该鼓励广大青年在学习与实践中求取真知。马克思把教育归为三个大类，即智育、体育以及技能培训，强调要对未成年人按照不同类别进行循序渐进的教育。① 同时，马克思也深刻认识到实践出真知，其曾鲜明地指出"人应该在实践中证明自己思维的真理性"②。广大青年群体既要努力学习好科学文化知识，武装好自己的头脑、强健好自己的体魄、淬炼好自己的技能，不断提高自己的竞争力；同时也要积极投身到具体实践中，在参与社会实践中回溯过去、感悟当下、展望未来。既要用个人所学来指导实践，在更广阔的天地里发挥个人专长；也要坚持从实践中学习，向人们学习，在一线实践中不断丰富个人的知识储备。

培养担当民族复兴大任的时代新人，应该积极追求人的全面发展。马克思、恩格斯在描绘未来的社会形态时，曾生动地指出未来的社会是"以每个人的全面而自由的发展为基本原则的社会形式"③。推动人的全面发展是培养担当民族复兴大任的时代新人的出发点与落脚点，马克思主义关于人的全面发展的思想内涵包含了人的活动、社会关系、素质、个性的全面发展，以及人类的全面发展。要紧紧依靠日益进步的社会条件，推动广大青年德智体美劳全面发展，锻造一批素质高本领强的全方位、复合型人才。

（二）时代新人的培育离不开中国共产党新人观的根本指导

按照字典的解释，"新人"有多重含义，一是指代刚刚进入某个领域或岗位的人，二是指代刚刚结婚的夫妻，同时也特指具有新思想、新道德品质的群体，我们的讨论主要针对第三重释义展开。在我们党的语境中，"新人"并不是一个新兴词汇，这一语词由来已久，并且呈现出阶段性、时代性的特征。

1915 年 9 月，陈独秀先生在上海创办了《新青年》杂志。1920 年 8 月，上

---

① 马克思、恩格斯：《马克思恩格斯全集（第二十一卷）》，人民出版社，2003，第 270 页。
② 马克思、恩格斯：《马克思恩格斯选集（第一卷）》，人民出版社，2012，第 138 页。
③ 马克思、恩格斯：《马克思恩格斯全集（第二十三卷）》，人民出版社，1975，第 649 页。

海共产主义小组成立后，《新青年》被确定为党的公开理论刊物，宣传马克思列宁主义和俄国革命的相关情况。李大钊先生就积极在《新青年》这一理论刊物上发表了系列文章，以宣传马克思主义和社会主义学说以及俄国十月革命。一个"新"字，表明了中国青年与愚昧无知的彻底决裂，道出了中国青年对民主科学的无限向往，以及对理想的新时代新社会的深深憧憬。对于"新青年"，陈独秀曾在《敬告青年》一文中提出了六重要义，强调青年应该是"自主的而非奴隶的""进步的而非保守的""进取的而非退隐的""世界的而非锁国的""实利的而非虚文的""科学的而非想象的"。①

在新中国成立之初，"新人"一词主要指经过改造而重获新生的群体，如毛泽东同志曾在《论人民民主专政》中在论及对反动阶级和反动派的改造时提出"让他们在劳动中改造自己，成为新人"②；刘少奇同志提出"地主在经过长时期的劳动改造之后，是可以成为新人的"③。在社会主义建设过程中，"新人"这一概念逐渐进入教育领域，提出要培养既能够好好学习，又能够做好生产工作的"共产主义新人"，强调学校在育人过程中要"按照不同的情况，组织学生参加一定时间的生产劳动"④。一定程度上而言，"共产主义新人"的显著特征就是脑力劳动与体力劳动相结合，学习与生产相统一。

在改革开放和社会主义现代化建设新时期，我国经济社会飞速发展，对于"新人"的需求和要求也有了显著的提升。在改革开放之初，我们党提出了培养"社会主义新人"的命题，突出强调要加强对社会主义新人的宣传、教育、培养、训练，"推动他们从事四个现代化建设的历史性创造活动"⑤。1980年以

---

① 陈独秀：《陈独秀著作选（第一卷）》，上海人民出版社，1993，第129－135页。
② 毛泽东：《毛泽东选集（第四卷）》，人民出版社，1991，第1476页。
③ 中共中央文献研究室编：《建国以来重要文献选编（第一册）》，中央文献出版社，2011，第256页。
④ 中共中央文献研究室编：《建国以来重要文献选编（第十二册）》，中央文献出版社，2011，第185页。
⑤ 中共中央文献研究室编：《三中全会以来重要文献选编（上）》，中央文献出版社，2011，第231页。

来，邓小平同志进一步提出了"四有"新人的概念，他在给《中国少年报》和《辅导员》杂志题词中提出了"立志做有理想、有道德、有知识、有体力的人"的理念，而后进一步延伸为"有理想、有道德、有文化、有纪律"，争做"四有"新人成为广大青少年群体追求的信条。因时而动，因势而新，这一时期一系列有关"四有"新人的思想教育活动铺展开来，呈现出欣欣向荣的态势，如1983年以来开展的"五讲四美三热爱"活动，1985年开展的"祖国在我们心中，做'四有'新人"活动，1991年开展的"学雷锋精神，做'四有'新人"活动等。2017年10月，习近平总书记在党的十九大上庄严宣告中国特色社会主义进入了新时代，站在新的历史方位，面对新的历史任务，以习近平同志为核心的党中央提出了"培养担当民族复兴大任的时代新人"这一重大时代命题。

长江后浪推前浪，一代新人换旧人。纵观中国共产党新人观的演变，我们对"新人"的呼唤与渴求总是不断发展。在具有重大意义的新时期，一批"新人"的培养与造就，对于完成当前时代重任具有举足轻重的意义。培育"新人"的内核与目标是一以贯之的，但一代"新人"的具体形态又是与时代紧密相关的。因此，我们在把握培育时代新人时，不仅要以中国共产党新人观为指导，而且还要紧密结合新时代的重大任务与宏伟目标进行深入思考与系统筹划。

（三）时代新人的培育也离不开中华优秀传统文化的精神熏陶

习近平总书记曾强调："努力用中华民族创造的一切精神财富来以文化人、以文育人。"[①] 中华优秀传统文化是时代新人培育的重要资源与素材。

第一，传承中华优秀传统文化的教化思想。重视教化、爱才惜才是中华民族自古以来的传统，在古典辞书《说文解字》中"教"被解释为"上所施下所效"，"育"被解释为"养子使作善也"，由此可见"教育"是教人向上向善之

---

① 习近平：《习近平谈治国理政（第一卷）》，外文出版社，2018，第164页。

义，孟子就曾发出感慨，"得天下英才而教育之"乃君子三乐之一也。① 正所谓"建国君民，教学为学"②，我国古代统治者早已把教育事业看作治国安邦的头等大事。同时，我国古人早已认识到了人才培养与国家治理间的重要关系，提出了"致天下之治者在人才，成天下之才者在教化""敬教劝学，建国之大本；兴贤育才，为政之先务""人才为政事之本"等重要思想。③ 可以说从古至今，发展教育、培育人才，从来都是和治国理政紧密相连的。从这一层面而言，培养担当民族复兴大任的时代新人，应是全面建成社会主义现代化强国题中应有之义。

第二，充分挖掘中华优秀传统文化的育人价值。一方面，中华优秀传统文化对于塑造个人品格具有重要意义。我国传统文化强调个人要坚持正身修己、自律自省，正如曾子所言，"吾日三省吾身"，时时反省以明得失；传统文化中也强调"慎独"，强调个人要做到人前人后一个样，特别是在无人之时更需谨慎行事，自觉恪守各类道德准则。中华优秀传统文化中关于"修身"的规定对于塑造自律、谦逊、诚信、朴实的个人品格具有重要价值。另一方面，中华优秀传统文化对于激发家国情怀具有独特作用。苟利国家生死以，岂因祸福避趋之，中华优秀传统文化内在蕴含着修齐治平的家国情怀。孟子曾提出"天下之本在国，国之本在家，家之本在身"，《吕氏春秋》中曾提及"以身为家，以家为国，以国为天下"④，都旗帜鲜明地表达了家国一体的价值主张，彰显了中华基因血脉中民族大义的磅礴力量。只有把家国情怀融入时代新人培育的全过程，以内蕴家国情怀的优秀传统文化为载体，才能不断巩固时代新人团结奋斗的思想基础，时刻推动时代新人践行"横渠四句"的价值追求，为实现中华民族伟

---

① 孟轲：《孟子》，时代文艺出版社，2008，第 133 页。
② 张延成、董守志：《礼记》，金盾出版社，2010，第 363 页。
③ 《汉语格言分类词典》编写组编：《汉语格言分类词典》，内蒙古人民出版社，1991，第 166 页。
④ 吕不韦：《吕氏春秋》，线装书局，2007，第 403 页。

大复兴的中国梦共同奋斗。

第三，大力发扬中华优秀传统文化的内核基因。中华优秀传统文化内在蕴含深厚的思想精华，既包含"心忧天下，敢为人先"的政治抱负，又包含"天下兴亡，匹夫有责"的报国情怀；既包含"自强不息，厚德载物"的操行要求，也包括"知行合一，笃行致远"的行动标准；既包括"无私无畏，正大刚直"的浩然正气，也包括"鞠躬尽瘁，死而后已"的牺牲精神。可以说中华优秀传统文化是中华民族的精神命脉，集中彰显了中华民族传承已久的气节风骨，是镌刻在每一个中华儿女坚实脊梁上的不朽烙印，在新时代依然闪烁着熠熠光辉，我们所提倡的社会主义核心价值观就深刻蕴藏着中华优秀传统文化的基因。习近平总书记曾从六个方面精炼概括中华优秀传统文化的思想精华——讲仁爱、重民本、守诚信、崇正义、尚和合、求大同。聚焦到时代新人培养的全过程，"讲仁爱"就是要爱人孝亲敬友，常怀尊重包容之心，保持谦逊有礼的态度；"重民本"就是要坚持人民至上，坚守人民立场，全心全意为人民服务；"守诚信"就是要做到清清白白做事，老老实实做人，注重实事求是，追求言行一致；"崇正义"就是要心有正义感，胸怀正能量，自觉遵纪守法，善于明辨是非，施行正义之举；"尚和合"就是要坚持理性思考，树立辩证思维，尊重个体差异，善于沟通协商；"求大同"就是坚持开放包容，自信融入世界，在构建人类命运共同体的征程中展现担当。总的来说，不忘本来才能继往开来，要正确处理好守正与创新的关系，运用马克思主义的立场、观点和方法，致力于以时代精神推进中华优秀传统文化的创造性转化和创新性发展，进一步从中华优秀传统文化中汲取培育时代新人的经验智慧，实现中华优秀传统文化的现代化转型，推动时代新人培育走深走实。

第二章　强国视域下时代新人培育的目标要求

做人做事如果没有目标，则容易迷失方向、误入歧途。清晰的目标要求是走向成功的"指南针"，指引前进的巨轮找到正确的航向。培养担当民族复兴大任的时代新人从来不是一句虚无缥缈的口号，特别是在锚定全面建成社会主义现代化强国目标任务的当下，对于时代新人的培育就有了更为具体的目标要求。相较于一般群众而言，对于担当起民族复兴大任的时代新人应当具备高标准、严要求，从而推动他们成长成才，为强国伟业做出更大贡献。简而言之，时代新人应当具备坚定的理想信念以及深厚的家国情怀，将个人与家国紧密地联系在一起，将个人理想深深融入国家和民族的伟大事业中；应当具有一往无前、踔厉奋发的勇气，勇于承担起伟大时代赋予的光荣使命，在时代浪潮中勇立潮头、绽放异彩；应坚持锤炼本领技能与锤炼品德修为相统一，努力做到德才兼备、知行合一，在时代舞台上大展身手，挥洒青春汗水，书写奋进篇章。

第一节　树立远大理想

俗话说"有志之人立长志，无志之人常立志"，这就是说有志气的人通常会树立远大的理想信念，并且积极主动地付诸实践，因而能够取得成功；而胸无大志的人，常常将各种目标停留于口头，空谈理想而不脚踏实地，幻想未来而又不思进取，所以经常改变志向但又大都以失败而告终。因此，只有"有志者"，才能"事竟成"。我们每一个人在童年时期，或许都面临过人生之问，那就是"你的理想是什么？""你长大后想成为一个什么样的人？"等，在孩童的口中，想要成为一名科学家、文学家、军人、警察等都是高频答案，这也许是我们一生中对于树立远大理想的启蒙，而越长大，我们的理想就会越具体、越实际。

诸葛亮曾经告诫子侄"志当存高远"，要求后人要胸怀远大志向，避免被凡俗之事牵绊而碌碌无为，被私情邪欲约束而默默无闻。志存高远是一种人生哲学、生活态度，也是一种精神追求。有的人或许会疑惑，为什么人一定要追求一个理想目标？俗话说"哀莫大于心死，愁莫大于无志"，一个人的志向决定了他的事业发展和个人成就，一个人丧失了理想志向，就会得"软骨病"，无法撑起自己的脊梁，即便当下生活"无忧无虑"，也不过是"前人栽树，后人乘凉"，如果遇到挫折风浪，就难以傲然挺立。当然，我们所强调的理想信念一定要具有崇高性，志存高远就意味着我们要付出的汗水更多、付诸的行动更实，在践行远大理想的过程中能够迸发出勇往直前的奋进力、积极向上的拼搏力，从而取得更大的成功。志存高远是为了获得展现自己的机会，也是为了创造更为美好的明天，行动是有限的，未来是无限的，只有拥有高远的志向才能激发热情、抓住机遇、实现梦想，激励个体以最大的努力拥抱美好的未来！能够担当民族复兴大任的时代新人，永远不能放弃追求远大理想，必须坚持以青春之我担时代之责，以青春之志筑强国之路。

（一）树立远大理想必须甘坐冷板凳

人是独立的个体，每个人都有自己的梦想或追求。因生活环境、目光眼界、受教育程度的差异，人的梦想都不尽相同。古人云"燕雀安知鸿鹄之志哉"，在追求远大理想的道路上，也许会遭到别人非议，或许得不到别人理解，往往需要付出艰辛和经受孤独。然而，"非淡泊无以明志，非宁静无以致远"，只有坐得住"冷板凳"，才能实现远大理想。

实现远大理想需要我们耐得住寂寞，不惧孤独感所带来的精神压力，不为世俗眼光所左右，充分相信自己的能力与价值，独立自主、坚韧不拔地朝着理想的目标而前行。实现远大理想需要我们经得起诱惑，外部世界纷繁复杂、诱惑丛生，一旦沉迷于此，则会无限制地消耗我们的时间和精力，我们要坚持锤炼自身控制能力，遵从本心，不为外物所动，以有限的时间和精力创造出最大的价值。实现远大理想需要我们受得了失败，一次就成功是极少数，挫折失败是人生的常态，正所谓"失败是成功之母"，成功者都是在失败了一次又一次后登顶的。对于失败，不必焦虑，也不必惧怕，要善于从失败中汲取经验教训，以失败为养分，夯实成功的根基。实现远大理想也需要我们忍得住痛苦，追逐梦想的道路也许荆棘丛生，需要我们面临极大的压力和痛苦，但我们要"穷且益坚，不坠青云之志"，主动化压力为动力，在痛苦的磨砺中破茧成蝶，走向辉煌灿烂的人生。

（二）树立远大理想必须制定规划表

树立远大理想绝不是一时的头脑发热，一定是经过综合考量和详细规划之后得出的科学结论。"运筹帷幄之中，决胜千里之外"，详细制定规划表一方面可以更好地规避风险，有助于个人对发展全貌进行一个初步的了解，帮助我们根据事物发展的大趋势提前做好准备，做到防患于未然；另一方面可以最大限度地提高效率，一份详细的规划表会设计好步骤、阶段性目标等内容，推动个人在每一阶段都有努力的方向，避免做无用功；同时，做好个人规划也能够帮助我们强化自律意识，做好自我管理。

立志需远大，但也不能盲目夸大，需要结合自身实际，实事求是地确立。"知己知彼，百战不殆"，在制定规划时，第一，一定要全方位地审视自身，全面了解自己，客观分析自身优点和缺点，取长补短、扬长避短，从而更好地实现目标。第二，要重视目标拆解。一口吃不成个大胖子，远大目标也不是一日就能实现的，必须一步一个脚印地去实现。"世上无难事，只要肯攀登"，要将一个宏伟目标依照实际拆解成数个阶段性目标，循序渐进地去攀登达成。第三，要注重过程管理，进行深入学习。在计划过程中，要不断学习充实，在达到目标的同时不断充实自身，提高个人竞争力。最后，也要注重总结反思，事中事后都要对取得的成功、面临的挑战、存在的不足进行省察反思，不断完善个人规划。

（三）树立远大理想必须提升行动力

俗话说"空谈误国，实干兴邦"，又道"纸上得来终觉浅，绝知此事要躬行"，无不是在强调行动的重要性，可以说"理想＋行动＝成功"正是人生的表达式。远大的理想绝不是敲锣打鼓、轻轻松松就能实现的，也不是简单地制订计划就能达成的，如果眼高于顶、空谈抱负，理想就会成为空想，如果脚踏实地、埋头苦干，理想终将成为现实，一个人就是要做务实的理想主义者和"有理想、负责任的行动主义者"①。须知，路是一步一步走出来的，事是一点一滴干出来的，憧憬未来时须谨记天上不会掉馅饼，唯有撸起袖子加油干。

理想付诸行动，要有"路漫漫其修远兮，吾将上下而求索"的恒心，面对远大的理想，不要退缩、不要心急，要不遗余力、百折不挠地去探索，坚持不懈、持之以恒地去追求。理想付诸行动，要有"踏平坎坷成大道，斗罢艰险又出发"的决心，面对前行路上的困难与挫折，不要害怕、不要心慌，要始终坚信"阳光总在风雨后"，激发出滚石上山的魄力、披荆斩棘的动力以及爬坡过坎的勇气。理想付诸行动，要有"长风破浪会有时，直挂云帆济沧海"的信心，即使距离成功还很遥远，不要自卑、不要气馁，要对自己的未来充满信心，在憧憬中劈波斩浪，在向往中踏浪前行，坚信自己终将到达成功的彼岸。

（四）树立远大理想必须增强灵活性

虽说"有志者立长志"，但并不意味着我们所树立的远大理想是机械的、一成不变的。"明者因时而变，知者随事而制"，当面临重大变故、周遭环境发生重大变化、时代条件发生历史性转折等情况时，我们应结合实际灵活调整自己的远大理想，使自身理想紧跟时代潮流、适应环境变化，正所谓"因事而化，

---

① 《开跑！做有理想负责任的行动主义者》，《中国教育报》2024年1月18日第2版。

因时而进，因势而新"。

"因事而化"就是要遵循目标导向与问题导向相统一的原则，既要树立远大理想，又要解决实际问题，坚持具体问题具体分析，在发现问题、分析问题、解决问题的过程中对个人理想进行适当调整，使之更加切合实际。"因时而进"就是要遵循破旧和立新相统一的原则，既要摒弃因循守旧的陈旧观念、放弃不合时宜的行动安排，又要从时代发展中吸收养分，大力弘扬时代精神，紧跟时代发展，使个人理想与家国梦想同频共振。"因势而新"就是要坚持宏观与微观相统一的原则，既要把握国家发展大势，自觉投身于强国建设，根据情势变迁来进行调整，又要关注细节之处的"小势"，及时发现新苗头、小变化，抓住新机遇，使得我们树立的远大理想永远走在前列，干在实处。因此，一方面，树立远大理想要增强面对发展变化的适应性，做到临危不乱、处变不惊，绝不能墨守成规，要主动去适应变化，积极求新求变，使自身在飞速发展的经济社会中掌握主动权。另一方面，树立远大理想也要增强把握细节之处的灵敏度，要以小见大、见微知著，善于从细节之处把握先机，从而获取更大的成功。

（五）树立远大理想必须把握好时机

俗话说"时势造英雄"，从历史唯物主义的视角来看，这就是说一个英雄的出现是由他当时所处的社会客观环境所决定的。唐朝诗人罗隐也不禁发出感慨，"时来天地皆同力，运去英雄不自由"，由此可见把握好时机的重要性。"机不可失，时不再来"，一旦抓住好时机，就容易达到事半功倍的效果，如若不然，则将丢失主动权，走得更为艰辛。

首先，我们应把握个人发展的最佳时期，时代新人大多处在青年时期，这一时期是"人的生理、心理急剧变化的时期，也是其世界观形成的关键时期"[1]，必须抓好个人发展的"黄金时期"，推动广大青年群体形成成熟、正确

---

[1]　陈万柏、张耀灿：《思想政治教育学原理（第三版）》，高等教育出版社，2015，第164页。

的三观，引导他们积极追求个人梦想、树立远大理想、绽放青春光彩。其次，我们应把握好社会发展的最佳时期。今天的中国，梦想连接着现实，我们正前所未有地接近实现中华民族伟大复兴的目标，我们的个体梦只有与伟大的中国梦紧密联系在一起，才能在国家社会发展的绝佳时期展现个人风采，为推动国家富强、民族振兴、人民幸福做出应有贡献。习近平总书记指出："时间之河川流不息，每一代青年都有自己的际遇和机缘，都要在自己所处的时代条件下谋划人生、创造历史。"① 生逢斯世，逐梦正当时，时代新人必须积极拥抱新时代、展现新作为，珍惜当下，把握机遇，在人生最美好的青春时期，志存高远，潜心学习、强化本领、增长见识、提升能力，在最值得奋斗的当下，为青春上色，为时代添彩，努力成为一名经世致用的合格人才。

第二节　热爱伟大祖国

提起"爱国"，大家一定都不陌生，我们从小到大所接受的教育也都在时刻教导我们要热爱伟大的祖国。每当我们聆听到一首首激情高昂的爱国歌曲，观赏到一部部热血澎湃的爱国影视作品，抑或听他人讲述一个个动人心弦的爱国故事，一种莫名的感动之情就会在我们心里油然而生，久久不能散去，这就是由内心激发而出的爱国之情。因此，我们说"爱国，是人世间最深层、最持久的情感"②。热爱伟大祖国是一个合格公民的应尽义务，深厚家国情怀也是中华民族传承数千年的优良品质，祈愿四海升平更是每一个中华儿女的情感归宿。我们伟大的祖国，绵延着锦绣壮丽的大好河山，生活着勤劳朴素的人民群众，流淌着弦歌未绝的辉煌历史，传播着源远流长的灿烂文化，孕育着生生不息的民族精神，拥有着走向复兴的美好前景，这一切，怎能不令人衷心热爱？居庙

---

① 习近平：《习近平谈治国理政（第一卷）》，外文出版社，2018，第 167 页。
② 习近平：《论党的青年工作》，中央文献出版社，2022，第 147 页。

堂之高，爱国就是"苟利国家生死以，岂因祸福避趋之"的远大抱负；处江湖之远，爱国就是"位卑未敢忘忧国，事定犹须待阖棺"的朴素情感；在战争年代，爱国就是"黄沙百战穿金甲，不破楼兰终不还"的热血忠诚；在和平时期，爱国就是"稻米流脂粟米白，公私仓廪俱丰实"的憧憬向往；在古代，爱国就是"仰不愧天，俯不愧地"的正直无私；在现在，爱国就是"清澈的爱，只为中国"的担当情怀。

爱国绝不只是一句简单的口号，不需要我们时常将其宣之于口高谈阔论；爱国也不是一种虚无缥缈的情感，不需要我们将其置于"云端"而不敢轻易触及。一个真正爱国的人一定是一个真情实感的人，这种情感由心而生，是集崇敬、爱戴、眷恋、自豪等于一体的综合情感；一个真正爱国的人也绝对是一个有血有肉的人，时时刻刻践行国家利益高于一切，人民利益高于一切的信念，始终把祖国放在首位，把人民放在心头。爱国是立身之本，一个人要想成就一番事业，就必须矢志爱国，将爱国情、强国志、报国行有机结合起来，常怀赤子之心，青春奉献祖国。

（一）热爱伟大祖国就要保持对祖国和家乡的热爱和深切眷恋

有人说，人就像一只风筝，祖国和家乡就像牵引着风筝的线，即使风筝飞得再远，也永远有祖国和家乡这个牵挂。正如《我的祖国》中歌颂的那样，心中的家国有山有水、稻香谷熟，是每个人内心深处最美好的"桃花源"。对于亿万中华儿女而言，对祖国和家乡的热爱和眷恋是无法割舍的真情实意，这样一种感情，是"举头望明月，低头思故乡"的万千思念、是"近乡情更怯，不敢问来人"的激动振奋，也是"久旱逢甘霖，他乡遇故知"的愉悦欣喜。"家是最小国，国是千万家"，"家国一体"本来就是中华民族的传统观念，家旺则国强，国强则家兴，爱家和爱国从来就是一体的，在新时代必须传承家国情怀。

传承家国情怀就要弘扬以爱国主义为核心的民族精神，传承中华民族数千年流传下来的传统美德，身体力行践行爱国的道德标准，将爱国精神转化为锐意进取、奋勇争先的动力，为中华民族伟大复兴贡献青春力量。传承家国情怀就要不断提高自己的思想认识，要将爱乡、爱国、爱党、爱社会主义有机结合起来，坚持把个人梦、家庭梦融入中国梦、民族梦之中，要淡泊名利，不计个人得失，以"功成不必在我，功成必定有我"的信念投身于强国建设，夯实强国建设的精神根基。传承家国情怀就要不断增强社会责任感，应紧密关注祖国和家乡的发展变化，对祖国和家乡的发展进步发自内心地感到高兴，积极成为助力国家发展的"智囊团"，为祖国和家乡发展出谋划策，贡献聪明才智；矢志成为助力国家发展的"排头兵"，积极投身一线，在祖国和家乡最需要的地方发光发热，为强国建设添砖加瓦。传承家国情怀也要发扬团结奋进的精神品质，要关心爱护、鼎力相助手足同胞，心往一处想、劲往一处使，汇聚起助力强国建设的磅礴力量。

（二）热爱伟大祖国就要保持对国家统一、民族团结的强烈企盼

毛泽东同志曾经指出："国家的统一，人民的团结，国内各民族的团结，这是我们的事业必定要胜利的基本保证。"① 可以说，国家统一、民族团结是一个国家发展壮大的前提，也是当前我们实现中华民族伟大复兴题中应有之义。国家统一与民族团结不是孤立的，需要结合起来看待。"中华民族一家亲，同心共筑中国梦"，国家统一是民族团结的基础，民族团结是国家统一的根本。我国是一个多民族的国家，各个民族之间只有携起手来、相互尊重、守望相助，才能凝聚起推动国家繁荣富强的向心力；而实现祖国统一，是中华民族和中华儿女的美好愿望，是中华儿女共同奋进的"最大同心圆"和"最大公约数"，能为各族儿女提供一个和谐稳定的生存家园。我们每一个人都要坚定不移地做祖国统一的捍卫者，民族团结的维护者，积极唱响主旋律，开创新局面。

对于时代新人而言，我们要努力成为维护祖国统一和民族团结的"同心

---

① 中共中央文献研究室编：《建国以来重要文献选编（第十册）》，中央文献出版社，2011，第 56 页。

结"，做一名推动两岸之间、各民族之间沟通交流的文化使者，在尊重彼此风俗习惯、宗教信仰的前提下，以显著的成就为桥梁，以辉煌的历史为纽带，以灿烂的文化为媒介，将中华儿女紧紧团结在一起，增强手足同胞对伟大祖国的认同感、归属感和自豪感。我们要努力成为维护国家统一和民族团结的"宣传员"，要高度认同并严格执行我国有关国家统一和民族团结的各项路线、方针、政策，在深化认识的基础之上，积极宣传有关政策内容，铸牢中华民族共同体意识。我们要努力成为维护国家统一和民族团结的"斗争者"，要明辨是非，善于识别各种分裂势力的别有用心和反动本质；要坚定立场，不为虚假言论所影响，不被邪恶势力所煽动，坚决不说破坏国家统一和民族团结的话，不做破坏国家统一和民族团结的事；要敢于斗争，在紧要关头，重要时刻，要积极勇敢地挺身而出，旗帜鲜明地表明立场，戳破各种谎言、阻拦不法行动，与破坏国家统一和民族团结的行为坚决做斗争。

（三）热爱伟大祖国就要保持对祖国繁荣昌盛的坚定信念

祖国繁荣昌盛、民族团结奋进、人民幸福安康、天下四海升平是我们的共同愿景。繁荣昌盛的祖国是我们每一个中国人的骄傲与底气，也是我们每个人坚持不懈勇往直前的动力源泉，每一个中华儿女都"欣望江山千里秀，欢颂祖国万年春"。回望过去，我们可以见证一个积贫积弱的中国逐步崛起，从恢复联合国合法席位到香港、澳门顺利回归，从获得第一枚奥运金牌到北京成为"双奥之城"，从第一颗人造卫星的升空到如今太空空间站领跑世界，从新中国成立初期百废待兴到如今历史性地解决了绝对贫困问题……这一桩桩、一件件都是我国由苦难走向辉煌过程中谱写的壮丽篇章，让全世界见证了东方巨龙逐渐苏醒。就像歌曲《越来越好》中唱的那样，我们的生活更加有奔头，日子也在祖国飞速发展、不断繁荣昌盛的过程中变得越来越好。展望未来，我们迎来了从站起来、富起来到强起来的伟大飞跃，擘画了强国建设的伟大蓝图，看到了伟大复兴的光明前景。在中国共产党的领导下，我们一定能够有新的飞跃。要保持对祖国繁荣昌盛的坚定信念，我们必须具备高度自信，以"自信人生二百年，会当水击三千里"的勇气，创造新的奇迹。

为此，一要坚定道路自信，始终相信中国特色社会主义道路是我们的唯一正确选择，在新的历史条件下绝不能走封闭僵化的旧路、改旗易帜的邪路和自毁长城的歪路；二要坚定理论自信，坚信马克思主义的真理力量，相信只有马克思主义才能发展中国，要坚持学深悟透马克思主义基本原理，深入学习马克思主义中国化的最新理论成果，依靠马克思主义的指引取得更大胜利；三要坚定制度自信，要衷心拥护和支持以科学理论为指导的、在实践中摸索出的中国特色社会主义制度；四要坚定文化自信，要在学习传统文化、学习科学知识、弘扬中国精神的过程中不断坚定文化自信，不断学习，不断进步，为实现祖国繁荣富强而努力奋斗！

（四）热爱伟大祖国就要保持对祖国主权和尊严的坚决捍卫

坚决捍卫祖国主权和尊严是每一个中国人民的坚定意志、共同心愿和重大责任。我们所说的时代新人，出生成长于一个和平安定、安居乐业的国度，是中国逐步走向世界舞台中心的见证者、亲历者。"生于忧患，死于安乐"，虽然我们的生活环境和谐稳定，但不可忽视的是，我们周遭还存在风险和威胁，依然还有一些国家伺机挑衅我国主权和尊严。在一个充满不确定性的国际环境中如何为祖国的发展进步赢得更多的确定性，是我们每一个人都应该深入思考的课题。时代新人更应将满腔民族大义融入学习工作生活的方方面面，坚定不移、旗帜鲜明地捍卫国家主权和尊严。

维护国家主权和尊严，我们人人都是"责任人"，我们必须学习好增强国家安全意识的"必修课"，国家安全并非遥不可及，而是与我们日常生活息息相关的，必须引起重视。没有国家安全就会威胁国家主权和尊严，国家利益就会受到严重威胁，我们要始终牢记国家安全这个"国之大者"，带头践行国家安全观，主动做国家安全的"卫士"。维护国家主权和尊严，我们绝不能做

"局外人"，无论男女老少，当国家主权和尊严受到挑战时，不能有畏缩后退的行为，必须团结起来、挺膺担当，共同维护国家安全，保障国家利益，只有这样才能真正实现国泰民安。维护国家主权和尊严，要从身边小事做起，从规范自身言行做起，绝不说有损国家主权和尊严的话，绝不做有损国家主权和尊严的事，遇到他人不当行为，敢于指出，帮助改正，带动一批、影响一批，久而久之必然风清气正，国家主权和尊严就能得到最大保障；尊重国旗、国歌、国徽，国旗、国歌、国徽是国家尊严的象征，既不能随意损毁，也不能恶意侮辱，要充分表达我们的敬意与热爱。

（五）热爱伟大祖国要鄙视卖国求荣、崇尚爱国志士

每当影视作品中出现"卖国贼"等人物形象时，我们总是恨得牙痒痒，而出现仁人志士的伟岸身影时，我们又总是感动得热泪盈眶。之所以会出现"卖国"与"爱国"两种截然相反的价值观，深究其原因，主要在于是否坚持把维护国家利益摆在首位。一个不注重国家利益的利己主义者容易走向卖国求荣的"泥淖"，而以国家利益、民族利益为先的人则将收获人民的衷心崇敬。在社会主义核心价值观中，从个人层面讲，首先强调的就是爱国，足见其地位之重要。卖国求荣的人，总是企图以各种手段诋毁、危害我们的国家，我们要深以为耻，一是要保持清醒的头脑，不为他们的极端言论和行为所煽动，不被他们传播的谣言所左右，做一个客观、理性的爱国者；二是要予以强烈谴责，对他们的错误言论予以有力驳斥，对他们的违法行动予以坚决抵制，戳穿他们的伪善面貌，揭露他们的真实意图，最大限度地消解其言行带来的负面影响；三是要拿起法律武器，发现卖国求荣的行为，要第一时间向有关部门举报，拿起法律的武器打击卖国求荣者，将其危害祖国的行为扼杀在摇篮里，最大限度地保护国家利益。

对于爱国志士，我们应满怀崇敬之心，要深知今日幸福生活来之不易，是无数仁人志士挥洒血汗、奉献青春、付出生命换来的。我们要学习爱国志士的

优良品质，弘扬他们"心忧天下，敢为人先"的情操、"艰难困苦，玉汝于成"的情志以及"无私奉献，艰苦奋斗"的情怀，从他们的精神品格中汲取丰厚滋养，在造福人民、服务社会的浪潮中不断前行。我们也要宣传爱国志士的动人事迹，先辈们的事迹总是令人无比动容，值得我们传颂。我们要大力发掘英雄事迹，创新表达方式，让他们永远活在广大人民群众的心中，"推动全社会形成见贤思齐、崇尚英雄、争做先锋的良好氛围"①，让红色基因、爱国火种代代相传。

第三节　担当时代责任

担当责任是一个人成长和发展的根基，是一个人思想境界和个人品格的集中彰显，是促进个人成长、展现自我价值、激发自身潜能的重要途径，也是一个人走向成熟的重要标志。逃避责任的思想和行为都是不可取的，无论是在探索道路上畏畏缩缩，还是在前行征途中锱铢必较，都是怯懦胆小的表现，是难以成就一番大事的。可以说，只有具有强烈责任心和高度责任感的人，才能收获他人的信任与认可，才能赢得社会的赞誉与尊崇，才能在广阔的天地中大有作为。我们所强调的时代责任，就是要实现中华民族伟大复兴，我们期望培养的时代新人，是能够担当民族复兴大任的时代新人。时代新人要积极拥抱时代，深切感知时代变化，准确把握时代特征，积极践行时代要求，满怀激情成为新时代的建设者和引领者；时代新人要积极融入时代，敢于破除个人成长的迷雾、善于走出风险挑战的泥淖、勇于破解歪风邪气的积弊，以积极的精神风貌踏上正确的人生道路，在伟大的时代中闯出一片天地，干出一番事业，拼出一番作为；时代新人也要积极礼赞时代，要以实际行动表达自身深情厚谊，传递自己

---

① 《发挥功勋荣誉精神引领典型示范作用　推动全社会见贤思齐崇尚英雄争做先锋》，《人民日报》2016 年 5 月 19 日第 1 版。

的真情实感，发自内心地传递正能量、礼赞新时代，以由衷的认同来颂扬新时代，以深深的自豪来点赞新时代；时代新人更要积极顺应时代发展潮流，擦亮青春的底色、激发青春的朝气、展现青春的姿态，以自信、自立、自强的人生态度昂首阔步，在书写人生篇章的征程中绘就时代蓝图，在描绘青春色彩的道路上谱写时代赞歌。

2021 年，习近平总书记在清华大学考察时指出："当代中国青年是与新时代同向同行、共同前进的一代，生逢盛世，肩负重任。"① 从历史的长河中回溯，无论是在烽火硝烟的战争年代，还是在和谐稳定的和平时期，一代代青年群体始终奋勇向前，甘做勇挑时代重任的先锋，他们无愧时代之托，挥洒热血青春，在时代恢宏的卷轴中留下了浓墨重彩的笔触。时代造就新人，伟大的新时代为广大时代新人创造了优越的成长环境、开辟了广阔的进步空间、带来了巨大的发展机遇，为时代新人实现人生梦想、个人成才提供了得天独厚的条件；时代新人也应不负时代重托，不负青春韶华，2020 年 9 月，习近平总书记在湖南考察时指出，"在全面建设社会主义现代化国家新征程上，同学们将是接过历史接力棒的主力军"②，时代新人只有以青春之我勇担时代重任，才能为复兴之路披荆斩棘，为强国建设添砖加瓦。可以说，伟大的新时代与时代新人之间是"双向奔赴"的相约，彼此成就，携手前行。时代新人以"时代"冠名，就必须抓住新时代这个大有可为的历史机遇期，传承中国青年的优良传统和优秀品质，不断深化责任意识，强化担当精神，干在实处，走在前列，积极担当伟大时代赋予的历史重任。青春，本来就意味着要更多地承担起时代赋予的重任，无论平凡还是伟大，时代新人都应冲锋在前，既要服务"国之大者"，又要力行"民之关切"，以满足人民群众之盼、引领社会风气之先、适应国家发展之需为己任，始终走在创先争优的前列，在服务人民、奉献社会、建设祖国的伟

---

① 习近平：《论党的青年工作》，中央文献出版社，2022，第 236 页。
② 习近平：《论党的青年工作》，中央文献出版社，2022，第 58 页。

大征程中绽放青春光彩。

（一）担当重任的时代新人要践行"人民至上"的理念，始终走在服务人民的前列

雷锋同志曾经深情地说："人的生命是有限的，可是，为人民服务是无限的，我要把有限的生命，投入到无限的为人民服务之中去。"① 雷锋同志字里行间体现了对人民的热爱，彰显了无私奉献的崇高精神，这对时代新人也有着强烈的借鉴意义，启发我们要努力成为一名全心全意为人民服务的新时代好青年。全心全意为人民服务，彰显了强烈的担当精神和无私的奉献情怀，是每一个时代新人的"必修课"。全心全意为人民服务，时代新人必须正确认识人民群众的主体地位，要深刻认识到我国发展之所以取得巨大成就，都是党带领全国各族人民辛勤劳动、共同创造的结果，人民群众的支持是我们干事创业最坚强的底气。广大人民群众中积蓄着强大动力，只有将人民群众团结会聚起来，才能形成推动发展进步的巨大合力。时代新人要努力成为凝心聚力的"使者"，团结广大群众共同奋进，为民族复兴、强国建设"充电"；广大人民群众中也蕴含着大智慧，时代新人要虚心向人民群众学习，拜人民群众为师，在学习过程中努力提升自身本领能力，在广泛集民智、聚民心的过程中谋新篇、创辉煌。

全心全意为人民服务，时代新人必须要强化服务意识与奉献精神，一是要立足小事，服务人民并不一定要求我们干出一番多么惊天动地的伟业或者作出多么惊心动魄的牺牲，一个人只要从小事做起，能够推己及人，就能够与人为善，服务他人。时代新人要从身边做起，从小事做起，树立"勿以善小而不为，勿以恶小而为之"的信念，在举手之劳的小事中传递正能量，从乐于助人的善事中展现真善美，如果人人都能行动起来，再不起眼的小事也能在无私奉献的过程中变得不平凡；二是要心怀大爱、发扬作风，时代新人应该想人之所未想，

---

① 谭菁菁编著：《雷锋日记》，湖南少年儿童出版社，2004，第 131－132 页。

做人之所急需，关心人民福祉，维护人民利益，在人民群众遭受困难时积极施以援手，在人民群众面对急难愁盼的大事时切实帮忙，提升"热情度"，彰显"人情味"，积极做人民群众的"知心人""暖心人""放心人"。

（二）担当重任的时代新人要拥有"培育文明新风"的意识，始终走在奉献社会的前列

时代新人是社会的栋梁之材，具有强烈的社会责任感应该是时代新人的一个鲜明特征。时代新人在奉献社会的过程中能够锻炼自己的能力和素质，展现自己的风采和情怀，只有具备强烈的社会责任感，才能够真正发挥自己在社会发展中的积极作用。而要更好地奉献社会，时代新人应积极带头树立新风。我国自古以来就是文明之邦，全社会崇尚文明礼仪。要涵养良好的社会风气，时代新人应该带头从自身做起，以此影响一批人、带动一批人、改变一批人，推动社会风气向上向善，从而倡导文明、传播文明、践行文明。

时代新人应当主动习礼行礼，养成知礼仪、懂礼貌的良好品质；应当破除封建迷信，积极推进移风易俗，以科学的眼光来认知世界，以健康的心态来对待生活；应当弘扬优良家风，传承中华民族孝老爱亲、睦邻友好的优良传统，以良好家风带动社风发展。时代新人应积极参加公益服务。参加社会公益活动是我们日常生活中奉献社会的一种最为直接的方式，我们所熟知的无偿献血活动、志愿服务活动、环境保护活动均属于社会公益活动的范畴。通过参与社会公益活动，时代新人可以奉献自己的一份爱心、贡献自己的一份力量，不仅有助于增强自身责任意识及服务意识，同时也有助于在全社会弘扬互帮互助、互促共进的优良传统，营造和谐、稳定、温馨的社会氛围。时代新人应积极参与社会治理。社会治理是维护社会秩序、化解社会矛盾、保障社会和谐稳定的重要途径。时代新人的责任意识决定了其不能做社会治理的旁观者，而要努力成为社会治理的参与者与主导者。在推进社会治理的过程中，要注重组织的力量，通过参与社区组织、社会团体等来参与社会治理，在治理过程中最大限度发挥

自己的能动性和创造性，推动社会和谐稳定发展。

（三）担当重任的时代新人要坚守"强国有我"的承诺，始终走在建设祖国的前列

在庆祝中国共产党成立 100 周年大会上，少先队和共青团员诵读了"请党放心，强国有我"的庄严誓词，献礼建党百年。"强国有我"是广大青年发出的时代强音，也彰显了时代新人的赤子之心，在奋进征程中，时代新人就应为强国建设、民族复兴挺膺担当，让火热的青春在祖国的大地焕发出新的生机活力。在科学技术突飞猛进、迅猛发展的今天，国家间的发展竞争，越来越转向到科技和人才的竞争，"综合国力竞争说到底是人才竞争"①，这就呼唤着青年群体要尽快成长起来，快速成长为具有竞争力的时代新人。

要建设好我们的祖国，时代新人必须学好专业知识。广大青年群体要立足本职，将专业知识学深、学透、学精，不断强化创新精神，树立问题意识，立志做"高精尖"的专业人才，实现产学研相结合，锻炼利用专业知识解决实际问题的能力，在解决重大实际问题和"卡脖子"技术难题中建立新功，实现学有所成、学有所用的学习目标；与此同时，我们也要根据时代发展不断充实自身知识结构，不断提高自身学习主动性和学术敏锐性，关注新兴技术，学习前沿知识，做极具竞争力的复合人才。要建设好我们的祖国，时代新人必须关注国家发展，要紧密关注强国建设的各个方面，充分了解国家发展的重点和难点，准确把握国家发展的各项战略、方针、政策，积极参与国情、民情调研，更好地了解祖国建设的现实需求，为祖国建设贡献绵薄之力；要建设好我们的祖国，时代新人必须拓宽国际视野。当今世界，国家与国家之间的交流日益密切，沟通合作的"朋友圈"也越来越广。时代新人必须树立全球眼光，积极主动地融

---

① 习近平：《深入实施新时代人才强国战略 加快建设世界重要人才中心和创新高地》，《求是》2021 年第 24 期，第 4 – 15 页。

入全球化的进程，抓住机遇积极与世界接轨，主动参与国际交流与合作，努力学习借鉴国外有益成果和先进经验，兼收并蓄，为我所用；要建设好我们的祖国，时代新人也必须讲好中国故事，推动世界目光聚焦中国发展，让中国速度、中国力量、中国成就更加广为人知，在全世界人民心目中树立一个负责任大国的伟岸形象，消除世界对中国的刻板印象与错误认知，推动世界正确认识中国。

第四节　勇于砥砺奋斗

"奋斗"是为了一个目标去战胜艰难险阻从而勇往直前的过程，敢于吃苦、勇于奋斗是熔铸在中华儿女骨血中的显性基因与优良传统。近年来，"躺平""佛系"等一些网络用语活跃和流行于我们的社交中，这折射出当前我们的一种奋斗心态，或许我们都曾扪心自问——为什么要奋斗？第一，奋斗是实现人生价值的必由之路，梦想不会平白无故地实现，天下没有免费的午餐，也从不会有不劳而获的成功，奋斗是实现梦想的必经之路，唯有奋斗才能推动理想照进现实；同时，通过奋斗，我们不仅能够实现自己的梦想，也能够为国家梦、民族梦的实现做出自己的贡献，只有把自己融入奋斗的时代浪潮中，我们才能创造更大的价值，收获更多的幸福，迎接更美好的明天。第二，奋斗是塑造理想人格的重要途径，在奋斗征程中，每一个人都会受到不同程度的锻炼，推动我们发扬自己的优势、弥补自己的短板、激发自己的潜能，不断磨砺我们的身心素质，让我们既能拥有健康强劲的体魄，也能变得愈加坚毅，彰显出自立自强、积极向上的精神风貌，塑造出艰苦朴素、勇敢担当、追求卓越的品格。第三，奋斗是传递情绪价值的力量之源，当我们通过奋斗取得一定成就时，能够获得悦纳与满足的情感，激发自豪感与自信心，在凸显人生意义的过程中传递情绪价值，不但能够激励自己继续踏上奋斗的征途，同时也能感染、带动更多人去感受奋斗所带来的正能量。

奋斗是不畏艰险、砥砺前行的态度，是自强不息、追求卓越的精神，只有奋斗的人生才精彩，只有奋斗的人生才能走向成功。可以说，奋斗是我们人生中最鲜明、最亮丽的底色。"千磨万击还坚劲，任尔东西南北风"，一个砥砺奋斗的人，必然是敢于直面挫折的人。须知人生并非是一路坦途，只有不惧挫折，坚持不懈奋斗，才不会被各种磨难压垮，才能有"烈火焚烧若等闲"的从容，只有挺直脊梁直面磨砺，才能顺利抵达成功的"彼岸"；"不经一番寒彻骨，怎得梅花扑鼻香"，一个砥砺奋斗的人，必然是能够吃得苦中苦的人。历经彻骨之寒，才能迎来扑鼻之香，奋进的征途切忌骄傲之气和娇弱之气，只有能吃苦、肯奋斗的人才能不惧风雨的洗礼，不畏坎坷的阻碍，不怕荆棘的伤痛，才能坚定不移地走到最后，登上成功的"巅峰"；"书山有路勤为径，学海无涯苦作舟"，一个砥砺奋斗的人，必然是勤勤恳恳、兢兢业业的人。只有脚踏实地，才不会有"黑发不知勤学早"的逃避，只有勤学苦练，才不会有"白首方悔读书迟"的遗憾，一天一天的勤奋积累，一步一个脚印地向上攀登，我们才能有取得胜利的资本、拥抱成功的底气；"苦尽甘来终有时，一路向阳待花期"，一个砥砺奋斗的人，必然是心怀憧憬与期待的人。只有心怀憧憬的人才能有前进的动力，才能为着美好愿景而不懈努力，永远保留心中的希冀，才能在我们的人生处于低谷时实现触底反弹，心怀憧憬就是支撑自己不懈奋斗的精神支柱，帮助我们勇往直前的信念和决胜到底的信心。纵观历史，中国青年群体在奋斗的过程中接力前行，勇于砥砺奋斗已成为中国青年的深刻烙印。习近平总书记指出："今天，我们的生活条件好了，但奋斗精神一点都不能少，中国青年永久奋斗的好传统一点都不能丢。"① 在新征程上，时代新人要继承永久奋斗的优良传统，砥砺奋进，开创辉煌。

（一）砥砺奋斗的时代新人，要不怕困难，勇于迎难而上

生活中的困难和挑战是不可避免的，当困难与挑战来临时，我们应该坦然

---

① 习近平：《论党的青年工作》，中央文献出版社，2022，第211页。

面对，绝非逃避和抱怨。合格的时代新人就要勇于在充满未知、布满荆棘的道路上提升修为，学会正确看待、有效破解前行中的挫折、困难与挑战，坚强勇毅地克服重重困难，在逆境中不断成长壮大。

时代新人要保持乐观心态。乐观开朗是一种积极向上的心理状态，有助于提高个人的抗压能力。当我们面对人生逆境时，保持乐观开朗的心态就显得尤为重要。第一，我们应该活得坦然，"不以物喜，不以己悲"，正确看待、坦然面对人生顺境和逆境，始终相信"人生海海，山山而川，不过尔尔"，树立正确的心态看待各种各样的挫折和困难，采取战略上藐视、战术上重视的态度来对待，绝不能让自己沉浸在惧怕困难的负面情绪中。第二，我们也要学会感恩，要坚信一切皆是最好的安排，无论顺境还是逆境，最终都是要打造一个最好的自己，要善于发掘美好的方面，不必过分纠结于人生的不如意。

时代新人要具备坚强意志。拥有坚强意志的人总能成就美好人生，因为他们往往更为勇敢、更为坚毅。这些都是成就自我、走向成功的充要条件。"天将降大任于是人也"，要想锤炼坚强意志，一要高度自律，强化自我控制能力，明确原则底线，该说则说，当做则做；二要不怕失败，从哪里跌倒就从哪里爬起来，善于从失败中总结经验和教训，绝不落入同一个"深坑"，在失败中不断提高走向胜利的能力、凝聚排除万难的动力、获得收获成功的智慧；三要埋头苦干，不断提高精神境界，充分发扬钉钉子精神，一茬接着一茬干，不断提高行动效力，甘为"孺子牛""拓荒牛""老黄牛"，撸起袖子加油干。

时代新人要拥有无畏勇气。时代新人是"排头兵""生力军""弄潮儿"，就应该不惧艰险，冲锋在前，敢啃"硬骨头"，拿稳"接力棒"。激扬青春志，奋斗正当时，现在正是时代新人担当作为的时代，我们要在时代洪流中激流勇进，在强国道路上勇往直前，发扬大无畏的精神，敢于向急难险重的任务亮剑，敢于在吃劲费力的岗位上展现一番作为，迎难而上，绝不退缩。

（二）砥砺奋斗的时代新人，要攻坚克难，善于破解难题

不惧困难，凸显勇毅，攻坚克难，更显担当。面对纷繁复杂的发展形势和

时代发展的必然要求，破解发展过程中出现的问题难题，不是赶考答卷上一道可有可无的选择题，而是必须深思熟虑的必答之问。时代新人理应站在攻坚克难的最前沿，仔细辨题、认真析题、大力破题，努力成为化解难题的能手。

时代新人要强化问题意识，提高发现问题、分析问题、解决问题的能力。一要保持敏锐的洞察力，善于从复杂的形势中发现问题所在，在问题扩大之前把握问题的全貌，掌握解决问题的主动性；二要找准问题的根源，要透过现象看本质，善于对发现的问题进行深刻的分析，了解它的来龙去脉，预判它的影响，提高解决问题的科学性和针对性；三要多措并举化解问题，要以最快的行动投入到解决问题的过程中，既要坚持稳中求进，采用经得起时间考验的常规办法来化解问题，同时也要打破常规，根据新形势、新特点来提出解决问题新思路、实践化解难题的新路径。

时代新人要深入调查研究。调查研究是我们党的"传家宝"，运用好调查研究这个法宝，有助于我们实事求是地看待问题、全面准确地把握问题、科学系统地解决问题。要想发现疑难杂症的"症结"，要想开具药到病除的"良方"，就必须进行深入细致的调查研究。准确把握客观实际，真正掌握客观规律，不断提高驾驭复杂局面、处理复杂问题的本领。调查研究不是走马观花随意为之，事前必须进行细致的筹谋规划，确定好调查的环节，确保调查研究顺利展开；调查研究开展之时必须深入情况复杂、问题突出、矛盾尖锐的地方，找准"痛点"，号准"脉搏"；之后还需要对调研所获取的一手数据和材料进行细致分析，研究提出破解难题的有效方法。

时代新人要发扬斗争精神。敢于斗争、善于斗争是一代又一代进步青年的鲜明品格，通过艰苦卓绝的斗争，开辟了事业发展的新境界。当前，两个大局相互交织带来的一系列矛盾难题，迫切需要我们发扬斗争精神，提升斗争本领、增强斗争意志，为党和国家的事业冲锋在前。时代新人更是要在严格的思想淬炼、政治历练、实践锻炼中提升斗争本领，争当经世致用之才，为了宏伟目标而接续奋斗。

（三）砥砺奋斗的时代新人，要敢闯敢干，激发创新精神

敢闯敢拼是与时俱进的重要表现，也是干事创业的前提条件，邓小平同志曾强调："没有一点闯的精神，没有一点'冒'的精神，没有一股气呀、劲呀，就走不出一条好路，走不出一条新路，就干不出新的事业。"① 敢闯敢拼，拥有"敢"的精神是前提，"闯"和"拼"是劲头，是动力，"干"的行动是关键。在新的时代条件下，时代新人要发扬"敢闯敢拼"的精神，不断摸索，勇于创新，探求出一条经得起考验的成功之道。

通过负重前行，闯出一片新的天地。世上没有什么东西是唾手可得的，必须要拼搏进取才能最终收获。面对前方众多不确定性因素，既有"风平浪静"，也有"风高浪急"，我们必须保持高度饱满的精神状态负重前行，不仅要立志以负重前行的姿态为广大人民争取岁月静好的生活，也要以负重前行的心境推动伟大的时代发生更大变化，更要以负重前行的信念实现民族复兴的伟大梦想。

通过真抓实干，取得新的优异成绩。罗马之城并非一日建成，水滴石穿也并非一日之功，只有久久为功，才能实现我们的最终目标。我们今天的幸福生活都是一代又一代前人一茬一茬拼出来的，一件事接着一件事干出来的。时代新人要继承前人"不尚空谈，专务实功"的精神，保持不负韶华、只争朝夕的奋进风貌，主动投身到祖国最需要的地方，去磨炼自己的心智，增长自己的才干，立志破解一些长期悬而未决的难题，干成一番前人未尽之事业，取得一番新的突破。

依靠创新创造，打开一番新的局面。创新进步、开拓向前永远是时代发展的主旋律，一味因循守旧会陷入固化僵化的"怪圈"，导致我们的事业止步不前。我们不能一直站在巨人的肩膀上眺望远方，更需要独立自主另辟蹊径来攀登新的高峰。时代新人要保持"摸着石头过河"的勇气，一边干事一边摸索，不断总结、运用符合时代特征的新经验、新路子、新方法；时代新人要保持

---

① 邓小平：《邓小平文选（第三卷）》，人民出版社，1993，第372页。

"初生牛犊不怕虎"的劲头，敢于迈出创新的步伐，善于推陈出新、举一反三，推动我们的事业"更上一层楼"。当然，强调创新创造不是要把以往的经验与方法抛弃掉，对于一些管用、有效的老办法也应结合实际运用到具体工作中，实现守正与创新相统一。

第五节　练就过硬本领

俗话说得好，"积财千万，不如薄技在身"①，纵观历史长河，我们历来对个人本领能力极为看重，我国古代讲究君子要具备六艺，即礼、乐、射、御、书、数，这是强调要注重个人本领能力的提升，也是衡量人才的标准，集中体现了古人对人才所需具备本领全方位、多层次的要求。"人之为学，千头万绪，岂可无本领"，要想具备干事创业的强大底气，我们就必须练就过硬本领。不断提升自己的本领能力有助于促进个人的全面发展，推动个人在掌握新兴技能的过程中不断完善自我，不断提高自己的综合素质；不断提升自己的本领能力有助于增强个人竞争力，无论做什么事情，本领能力都是置于第一位的，只有练就过硬本领，才能在日益激烈的人才竞争中抢占先机、站于高地。具备过硬的本领能力才能有效解决实际问题，具备他人未有的本领能力，才能"一枝独秀，独领风骚"，创造出更大的价值；不断提升自己的本领能力有助于时代的发展变化，当今世界发展日新月异，各种新兴事物层出不穷，科技迭代之快也达到了一个新的高度，只有紧跟时代，不断强化本领，才能跟得上时代发展的步伐，不至于在强国建设的赛道上"掉队"，被时代所抛弃。

毛泽东同志曾指出："我们队伍里边有一种恐慌，不是经济恐慌，也不是政治恐慌，而是本领恐慌。"② 这样一种"本领恐慌"集中体现为思想认识不全

---

① 颜之推：《颜氏家训》，岳麓书社，1999，第 84 页。
② 中共中央文献研究室编：《毛泽东文集（第二卷）》，人民出版社，1993，第 172 页。

面、工作能力有缺失、知识结构有短板、实践经验不充分等。之所以会出现"本领恐慌",深究其原因,主要是因为思想认识不充分,耽于安逸,安于现状,缺乏进取精神;骄傲心理作祟,一味躺在以往的"功劳簿"上享乐,自我感觉良好,出现沾沾自喜的心态而止步不前;知识水平不足,个人学习的针对性、时效性不强,无法紧跟时代与时俱进地进行涉猎拓展,对于新知识、新技术、新事物的敏感度不高。一旦陷入"本领恐慌"则会产生危机意识和畏难情绪,出现逃避心理状态和后退心态,无法适应新形势的要求,各项工作难以推进。因此,我们要时刻保持清醒,不断提升自己的本领能力,更好地适应工作的需要,不断克服工作上遇到的困难、风险、挑战。具体而言,时代新人要着重在增强学习本领、实践本领、创新本领、协作本领等方面下真功夫。

（一）时代新人要注重增强学习本领

我们从小熟读的《三字经》中曾提到:"玉不琢,不成器;人不学,不知义。"由此可见学习对于个人成长成才的重要性。一个人要想更好地立足于社会,就离不开学习,学习是无止境的,绝大部分的时代新人正处于学习的黄金时期,更要珍惜韶华,惜时如金,利用有限的时间,徜徉无垠的书海,原原本本学、认认真真学、深入思考学。

提升学习本领,要注重学思践悟理论知识。时代新人一定要牢牢抓住马克思主义这个看家本领,学习既要走实,要扎扎实实学习经典原著,强读强记、精读细读;学习也应走心,要认真仔细领悟蕴含在字里行间的立场、观点、方法,抓住科学理论的精髓要义,不断把科学理论转化为自身能力素养。要做到沉浸式学习、融入式学习、反复式学习,将理论学习与党史学习紧密结合起来,深刻领悟中国化的马克思主义绽放的理论之光、真理之光。同时,学习也是为了应用,我们既要做科学理论的学习者,也要积极做科学理论的传播者,赓续历代进步知识分子的历史使命,推动党的创新理论"飞入寻常百姓家"。

提升学习本领,要注重学深悟透专业知识。"富家不用买良田,书中自有千钟粟。"一方面，我们要认真学习好科学文化知识，提高我们的科学视野与人文素养，掌握基本的学习技能，领会基础的学习要领，夯实进阶学习的基础，筑牢深入学习的根基。"一技能精百不忧，有功翰墨尤足贵。"另一方面，我们也要钻研学习专业技能，在专业过程中做到认真学习、深入思考、细致研究，在原创性贡献方面下功夫，为专业领域的良性发展做出努力，争取获得良好的社会反响和效益。

提升学习本领，要注重广泛涉猎多重知识。学习一定不能有自满的情绪和知足的态度，要以永不满足、求知若渴的姿态开展学习，活到老，学到老。知识没有高低贵贱之分，在日常专业知识学习之外，我们还可以涉猎多方面的知识，以此不断充实我们的知识储备，优化我们的知识结构，开拓我们的学习视野，提升我们的学习境界。

提升学习本领，要注重及时学习新兴知识。当今世界，知识更新不断加快，新兴技术如雨后春笋般涌现。受互联网技术飞速发展的影响，知识和技术的传播速度也有了巨大提升。可以说，谁先掌握新知识、新技术，谁就掌握了先导权。我们要依靠学习走向未来，就必然要紧密关注在时代条件下应运而生的新知识、新技术，盯紧发展最前沿，科学制订学习计划，巧妙整合学习资源，精准把握学习时机，努力提升学习效率。

（二）时代新人要注重增强实践本领

从古至今，我们历来推崇知行合一，著名教育家陶行知更是提出了"行是知之始，知是行之成"[1] 的重要教育观念，突出强调实践是获取知识的开始。实践在我们的日常生活中有着举足轻重的地位，它是我们认识世界的重要途径。在实践中，我们可以直截了当地接触生活中形形色色的现象，可以切身实地地去感受蕴藏于其中的内在本质和客观规律；实践也是我们增强社会阅历的重要

---

[1]　叶良骏编：《陶行知箴言》，上海教育出版社，2011，第55页。

方式，在实践中我们能接触之前从不相熟的人，认识此前不知道的事物，了解以往未听过的事，加深对新事物的认识，从而不断开拓我们的眼界和格局；实践也是我们提升能力素质的重要过程，实践的过程就是我们利用所学知识解决现实问题的过程，也是我们在实际生活和工作中不断总结新经验、积累新认识的过程，在实践活动中我们需要不断推动"知"与"行"的双向互动，在这样一种良性互动过程中，我们解决问题、应对挑战的能力也能显著提高。习近平总书记强调："要坚持理论和实践相结合，注重在实践中学真知、悟真谛，加强磨炼、增长本领。"[①]

"驾言各勇往，实践仍精思"，实践不是单凭一腔热血说干就干，还需要进行认真思索和精细考量。首先，需要明确实践目的。我们开展实践并不是盲目的，事先就要思考清楚要通过实践实现一个什么效果，达到一个什么目标，要根据自身特点及兴趣来开展实践，确保实践过程顺利进行；第二，要升华实践意义，我们开展的实践一定是要具有极强针对性的，一定是要为解决现实问题而服务的，不应拘泥于一些鸡毛蒜皮的小事，而要紧扣时代脉搏，联系重点、难点、热点问题进行实践调研，充分凸显现实关切；第三，要优化实践环节，开展实践要拒绝趋于简单、流于形式、浮于表面，避免实践环节沦落为走马观花式的参观，要突出强调内容为王，综合运用各种实践手段，确保能够收集到准确有用的一手信息；第四，要注重总结提升，外出实践完成之后，并不意味着整个实践过程的结束，还需要进行总结提升，理性评估自己的实践表现，系统总结个人的实践得失，合力规划未来的调整方向，推动自身实践一次比一次进步。

（三）时代新人要注重增强创新本领

当代青年拥有最优的生活条件、学习条件和工作条件，拥有创新的机遇与

---

① 习近平：《努力成长为对党和人民忠诚可靠、堪当时代重任的栋梁之才》，《求是》2023 年第 13 期，第 4 - 16 页。

条件，理应走在创新创造的前列，追求创新就是追求卓越，实现强国梦想，需要一支勇于创新创造的优秀人才队伍。习近平总书记号召广大青年要"让理想信念在创业奋斗中升华，让青春在创新创造中闪光"①，时代新人与伟大新时代同频共振、同向而行，以自身学识智慧报效祖国，以个人开拓进取回报社会，这是时代新人成长成才的必然要求，也是强国有我的青春责任。当今世界，创新者胜，创新者强，创新已然成为一种核心竞争力，不会创新的人就会面临着"淘汰"。在社会飞速发展、科技飞快进步的今天，时代新人作为强国建设的中坚力量，必须掌握创新的本领，只有不断革新创造、开拓进取，才能承担起建设国家的重任。时代新人应该在追求创新的过程中不断实现自我的突破，不断推动国家的发展，不断促进社会的进步，不断助力民族的复兴。

时代新人要想增强创新本领，一要保持好奇心和求知欲。好奇心和求知欲是提高创新能力的基础。只有对周遭事物保持好奇，我们才能有兴趣进行进一步的探查和思索，从而获得创新的契机；只有具有浓厚的求知欲，善于并乐于学习新事物，才能不断推陈出新，找到创新的灵感，拓宽创新的领域。二要提高敏锐性和想象力，我们必须"眼观六路，耳听八方"，既要能够掌握事件全貌，也要把握细枝末节，具有锐利的眼光、清醒的头脑、充足的经验，见微知著、明察秋毫；同时，我们也要保持开放的心态与活跃的思维来进行大胆设想，跳出常规思维的束缚，进一步思考新颖的观点理念。三是要强化批判性思维和发散力。批判性思维是创新思维的重要组成部分，批判性思维要求我们要做到不唯书、不唯上，只唯实，要敢于与传统进行挑战，敢于向权威提出质疑，强化批判性思维有助于我们更为客观地评价现实情况、掌握本质所在，使我们能够更加接近真理；同时，我们也要善于举一反三，从侧面、背面多角度全方位地分析问题，打破单一性，让事物的发展拥有更多的可能。

---

① 习近平：《论党的青年工作》，中央文献出版社，2022，第209页。

（四）时代新人要注重增强协作本领

团结协作是指在日常生活中人与人之间彼此关系融洽，互相支持，紧密配合，相互助力，朝着共同目标迈进。正所谓"万人操弓，共射其一招，招无不中"①，由此可见，只要人与人之间携起手来朝着同一个方向而努力，再难的目标最终也能实现。单打独斗时常孤掌难鸣，同心同德其利方可断金，人与人之间的团结协作不是简简单单的"1＋1＝2"，人们在协作中会发生奇妙的"化学反应"，每个人的力量充分融合，每个人的优势充分凸显，在互补、互促、互助的过程中会迸发出强大的合力。良好的团结协作有助于迸发干事的激情，通过增进人与人之间的情感交流，可以增强团队的凝聚力和向心力，为整体行动注入更多的热情和动力；良好的团队协作有助于提高工作效率，通过激发每一个人的能动性，将个人优势最大限度地放大，使得人人都能尽其责，推动工作快速高效地完成；良好的团队协作也有助于形成友好的氛围，人与人之间协作的过程就是消除矛盾、减少分歧、不断磨合的过程，彼此之间相互理解，互相信任，人际关系融洽，使得团队内部能始终保持和谐稳定。

我们常说复兴伟业与强国目标不是敲锣打鼓、轻轻松松就能实现的，不能毕其功于一役，也不可能依靠单枪匹马就能完成。风正好扬帆，在时代的洪流中，众多溪流才能汇聚成一片汪洋大海，只有同舟共济才能突破风高浪急的阻碍，唯有众人划桨才能撑起事业发展的大船。时代新人要想做时代的"弄潮儿"，更好地担当起使命与责任，增强协作本领就显得尤为重要。要想增强协作本领，必须保持更加谦虚友好的态度，绝不能滋生骄傲自满的情绪，不能点燃有损团队和谐稳定的导火索，要多换位思考，善于从他人的角度想问题看事情，与人为善，不斤斤计较，与他人处好关系；要想增强协作本领，必须增强自身沟通交流的能力，要准确表达自己的观点，善于倾听他人的意见，通过与他人

---

① 吕不韦：《吕氏春秋》，线装书局，2007，第13页。

友好沟通达成共识；要想增强协作本领，也必须明确自身定位，对于自己的综合素质要有一个全面的认识，要对自己适合的岗位有一个清晰的定位，要让自己在最适合自身的岗位上发光发热，不应对他人的工作横插一脚，避免重复劳动，保证工作质量。

第六节　锤炼品德修为

从古至今，我国历来重视道德教化，始终把个人品德作为评判人才的标准之一，强调要德才兼备，以德为先。发展到当下，我们对于人的品德修为仍然十分看重，我们从小所熟悉的"三好学生""四有新人"等，也都把对思想品德方面的要求摆在了重要地位，我们开展教育，根本任务也是立德树人。习近平总书记强调，"人无德不立，品德是为人之本"①，一个人如果没有良好的品德修为，就会缺乏公德心、丧失责任感、忽略荣辱观。良好的品德修为，也是一个人最强硬的软实力，品德高尚的人能展现出巨大的人格魅力，可以说品德是绝大多数人与他人结交朋友时考虑的第一因素，人们都乐意和品德高尚的人打交道，正所谓"德不孤，必有邻"。

"大学之道，在明明德"，锤炼品德修为，有助于我们养成良好的道德品质，助力个人在方方面面加以提升，形成高尚的情操、理想的人格，充分展现出人性的光辉。锤炼品德修为，有助于我们形成积极的人生态度，品德高尚的人，他们常怀感恩之心，始终践行饮水思源的思想观念，对于来之不易的幸福生活始终保持珍惜；他们常怀知足之心，知足者常乐，他们从不患得患失，也不贪多嫌少，总是以一颗平常心来看待付出与回报；他们也常怀奉献之心，严于律己，总是希望能为集体、为他人做出力所能及的贡献。锤炼品德修为，有助于营造健康的生活情趣，一个人要想正身正己，就必须怀德自重，保持严肃

---

① 习近平：《论党的青年工作》，中央文献出版社，2022，第212页。

的生活作风、培养健康的生活情趣，不断增强自制力，不断增强辨别力，分清是非，进善黜恶，同时也要增强自制力，做到慎独慎微，保持人前人后一致。

时代新人应当通过锤炼品德修为，形成正确的道德认知，要保持高度警醒和敏锐的"嗅觉"，要用"鹰的眼睛"识别外部诱惑，旗帜鲜明地认识到什么能做、什么不能做，拒绝人云亦云、盲目跟风，敢于向一切腐化、堕落的因素说不，善于防腐拒变。应当通过锤炼品德修为，具备自觉的道德养成，一要积极学习，善于从传统美德中汲取营养，从模范楷模中感受风范，坚定不移地追求真、善、美，积极向上向善；二要善于反思，在深刻反思中明确个人得失，在细致内省中提升道德修养。应当通过锤炼品德修为，开展积极的道德实践，满口仁义道德并不可取，道德实践必须落到实处，在扶危济困、扶弱助残的善行中展现人间大爱，在摸爬滚打、踔厉奋发的前行中体悟人生真谛。

习近平总书记指出："核心价值观，其实就是一种德，既是个人的德，也是一种大德，就是国家的德、社会的德。"① 明大德是国家的根基、守公德是社会的趋向、严私德是个人的规范，"三德"缺一不可。因此，时代新人要学思践悟社会主义核心价值观，坚定不移地明大德、守公德、严私德，做一个德才兼备的优秀人才。

（一）时代新人要明大德

我们所提倡的"大德"，是指胸怀苍生、心系家国、兼济天下的美德，是个体对于祖国和人民一种真挚且深厚的特殊情感。习近平总书记在与北京大学师生群体交流的过程中提出了"大德"的核心要义，就是"要立志报效祖国、服务人民"②。时代新人要明大德，大就要有大的样子！

明大德要立大志。要将个人命运与国家命运、民族命运、人民命运紧紧联

---

① 中共中央文献研究室编：《十八大以来重要文献选编（中）》，中央文献出版社，2016，第3页。

② 中共中央文献研究室编：《十八大以来重要文献选编（中）》，中央文献出版社，2016，第7页。

系在一起，矢志为国家富强添砖加瓦，为民族振兴加油鼓劲，为人民幸福保驾护航；培育大理想，树立大情怀，将真挚的爱国情感转化为干事创业的思想动力，把激昂的强国志向转变为砥砺前行的精神灯塔，将报国之行落到实处，小我融入大我，青春奉献祖国。

明大德要成大才，时代新人要注重增长个人才干，通过勤学、苦学、真学、博学不断丰富、充实自身。一把尖刀只有在石头上打磨才能更加锋利，一个人只有在实践中磨砺才能愈发成熟，时代新人要敢于面对刀枪剑戟与风霜雨雪，一路高歌而行，不断磨炼自己的意志、锻炼自己的能力，使自己具备完成党和国家伟大事业的能力和素质。我们绝不能做温室里娇弱的花朵，也不能做还需长辈呵护的巨婴，要勇于走出"象牙塔"，跳出"舒适圈"，到基层去，到一线去，不断锤炼意志、增长才干。

明大德要担大任，时代新人注定是要肩负起民族复兴大任的，一要具备大局观念，善于以发展的眼光把握全球，善于抓住事物发展的规律与未来趋势，从宏观的角度把握时代发展的主旋律，提前做好详细的布局与细致的规划，充分掌握历史主动，占据未来发展先机；二是要有忧患意识，"生于忧患，死于安乐"，尽管我们身处和平年代，但是潜在的风险挑战仍然在威胁、阻碍着我国的发展，形势环境变化之快、改革发展稳定任务之重、矛盾风险挑战之多都是前所未有的，我们必须提高警惕、明辨大是大非，敢于冲锋在前，敢于亮剑斗争。

（二）时代新人要守公德

梁启超曾在《新民说》一文中对"公德"做出了经典定义，其认为"人人相善其群者谓之公德"①。今天我们所宣扬的"公德"，是人们在日常生活和人际交往中所总结出的心理程序，是为人们所认可并尊重的公序良俗。只有人人崇尚公德、个个遵守公德、时时维护公德，才能营造出向上向善的社会氛围。

---

① 王德峰编选：《国性与民德——梁启超文选》，上海远东出版社，1995，第48页。

可以说，国民遵守社会公德的程度一定意义上代表着整个国家的道德水平，这也是我们高度重视精神文明建设的原因所在。

社会公德的内涵十分丰富，主要包括"文明礼貌、助人为乐、爱护公物、保护环境、遵纪守法"等内容。时代新人作为标杆，更应在遵守社会公德上起到带头示范的作用。首先要带头践行社会公德，坚定不移地以社会公德作为自己立足社会的标准，体现于学习、工作、生活的方方面面；其次要做到见贤思齐，善于发现他人的人性闪光点，善于从他人的长处中汲取进步的力量；与此同时，我们也要做社会公德的宣讲者和倡导者，对于彰显社会公德时代价值的正面典型要宣讲传颂，对于不符合社会公德的反面典型要理性批判，通过弘扬社会公德来统一意志、凝聚共识、共同进步。①

时代新人作为标杆，更应在遵守社会公德上起到带头示范的作用。第一，要带头践行社会公德，坚定不移地以社会公德作为自己立足社会的标准，体现于学习、工作、生活的方方面面；第二，要做到见贤思齐，善于发现他人的人性闪光点，善于从他人的长处中汲取进步的力量；第三，要做社会公德的宣讲者和倡导者，对于彰显社会公德时代价值的正面典型要宣讲传颂，对于不符合社会公德的反面典型要理性批判，通过弘扬社会公德来统一意志、凝聚共识、共同进步。

（三）时代新人要严私德

除却"公德"之外，梁启超也深刻论述了"私德"的含义，其指出"人人独善其身者谓之私德"②，并且强调公德私德同样重要，缺一不可。私德强调的是个人要品貌端庄、修养高尚、作风正派、习惯良好，常言道"君子以厚德载物"，强调的是有德行的君子方可成就大事。对于个人而言，大德和公德最终都

---

① 中共中央　国务院印发《新时代公民道德建设实施纲要》，《光明日报》2019年10月28日第1版。

② 王德峰选编：《国性与民德——梁启超文选》，上海远东出版社，1995，第48页。

要落脚到私德之上，也只有具备良好私德的人才能真正锤炼大德与公德。修私德重在一个"严"字，这就意味着我们每一个人在修身正己的过程中要更加严格、更为谨慎，绝不能行差踏错，"走火入魔"，否则将会让前行的道路弥漫一股迷茫的"阴霾"。

严修私德就要正心。首先，要端正一颗求真之心。要珍惜韶华，求得一番真学问，让科学的理论知识充实自己的内心、武装自己的头脑、强健自己的体魄，以真学问为法宝来揭开未知的面纱。要勤学苦练，练就一番真本领，以过硬的素质迎接风雨的洗礼，以靠谱的能力迎接胜利的曙光。要实事求是，塑造一个真人格，要不骛虚声说真话、专务实功干真事、脚踏实地做真人，坚持"成人"与"成才"相统一，推动时代新人成为合格建设者和接班人。

其次，要端正一颗向善之心。我们眼中要有"光"，这是追求进步的光芒，要在思想上、行动上始终追求上进，立志充分彰显自己的价值，在祖国的大地上发光发热。我们心中要有爱，既要爱己，时常给予自己鼓励，绝不看轻自己，激发自强奋斗之意；也要爱人，推己及人，与他人建立深厚的友谊，传递幸福与喜悦，让友爱触及彼此的灵魂。

再次，要端正一颗尚美之心。真正的美既不是穿金戴银，也不是涂脂抹粉。正所谓相由心生，真正的美一定是来自灵魂深处，是内心的澄澈与高雅。我们崇尚美，就要提高眼界，拥有发现美的眼光，善于体察人文之美、人性之美，并能够让这些美好来不断净化自己的品格；我们崇尚美，也要拒绝平庸与俗套，要让正气涤荡自己的精神与灵魂，成长为一棵散发馨香的"芝兰玉树"。

最后，要端正一颗律己之心。一要养成自律的品行，时常反省自身的不足，检视自我，依靠自律来养成良好的生活习惯，抵制歪风邪气的侵蚀。二要加强慎独的高尚品德，要有坦荡的胸襟、磊落的心怀，抛弃虚假的伪装，做到表里如一，人前人后一致，以此固本守心，修身韫德。

第三章　强国视域下时代新人培育的历史必然

培育时代新人并非一时的心血来潮，也不是假大空的政治口号，其中蕴含着深思熟虑的坚定与忧思。提出培育时代新人的重要任务，有其历史必然性，是综合考量个人成长、社会需要以及国家需求所做出的科学决断。当下，为了实现强国建设的远大目标，在培育时代新人的过程中，需要我们扬长避短、坚定立场、坚守原则，从战略高度认识培育时代新人的重要价值与意义。

第一节　强国视域下时代新人培育的必要性

培育时代新人是一番利国利民利人的伟大事业。于强国大业而言，培育时代新人为党和国家事业的发展提供了一支高素质的人才队伍，形成了丰富的人才储备；于广大人民而言，培育时代新人让人民对美好生活的实现有了更多的可能，在时代新人的赤诚奉献中，广大人民的幸福感能够得到显著提升；于青年自身而言，培育时代新人让个体有了更为光明的成功前景、更为丰富的成长机遇以及更为广阔的拼搏舞台。

（一）培育时代新人是集中彰显初心使命的必然选择

纵观历史长河，"新人"从来就是一个发展的概念，他们作为时代的弄潮儿，始终搏击长空，追求进步，从五四运动时期觉醒的"新青年"，到"共产主义新人""四有新人"等概念的提出，再到新时代提出"培养担当民族复兴大任的时代新人"的时代课题，"新人"随着时代的发展变化，不断被赋予新的内涵。时代到底需要什么样的人？这样的人需要怀揣着什么样的初心与使命？我们每一个人走过的成长历程都在深入思索、勇于探求、不断追寻这个答案。这也是历代青年在时代洪流中不断追寻的最优解。

初心与使命，一言以蔽之，就是激励我们前行的远大理想，其中蕴含的信念感，是砥砺我们走好人生道路的磅礴力量，"中国共产党人的初心和使命，就是为中国人民谋幸福，为中华民族谋复兴。"① 虽然在各个历史时期，先进的新人群体所承担的时代重任有所不同，但他们秉持的初心、肩负的使命始终如一。新人群体作为我们党和国家未来的希望，他们的初心使命与中国共产党人的初心使命也是同频共振的。在伟大的新时代，立足于强国建设这个视角，时代新人的培育应该着眼于培养一支能在全面推进中华民族伟大复兴的征途中勇于作为、敢于担当、敢于吃苦、敢于奉献的生力军，这也与中国共产党人的初心使命是不谋而合的。不忘初心跟党走是时代新人夺取胜利的重要"法宝"，牢记使命勇担当也是时代新人夺取胜利的力量"源泉"。可以说，在全面建成社会主义现代化强国、实现第二个百年奋斗目标的奋斗征程中，继承与弘扬青年群体长久以来形成的可贵品质、优良作风与优良传统，深入践行初心使命，是时代新人义不容辞的责任与奋力前行的动力。

抬头仰望历史的星河，先辈仁人志士奋力拼搏的身影犹在眼前，担忧国家和民族前途命运的振臂高呼仍在耳边，他们之所以能够不怕牺牲，浴血奋斗，就是因为胸怀远大理想，深受初心使命感召，因此能够始终奋进在筚路蓝缕的征途上。最是初心凝人心，党的初心与使命凝结着远大的奋斗目标，光明的发展前景，一桩桩一件件伟大的成就，让我们充分相信在初心使命的指引下，我们必将拥有决战决胜的实力与信心，从而能够将时代新人紧紧团结在党的周围，为了共同的目标而努力奋斗。正是有了初心使命，我们才能激发起追求进步的自觉，只有坚守初心使命，时代新人才能坚定政治信仰，激励其敢于直面困难、

① 习近平：《习近平谈治国理政（第三卷）》，外文出版社，2020，第 1 页。

勇于抵制诱惑，时刻保持清醒与坚定；只有坚守初心使命，时代新人才能树立远大理想，自觉将青春之志与国家发展紧密结合在一起，在时代潮流中不懈奋斗；只有坚守初心使命，时代新人才能挖掘前进动力，初心使命会时刻激励着时代新人拨紧一根"弦"，凝聚一股"劲"，迸发一种"力"，发愤图强，在不断学习和成长的过程中，积累经验、增强储备、提升能力、锤炼素质，从而实现自身的全面发展和进步。

时代成就人才，在伟大的新时代，一批又一批先锋模范不忘初心、牢记使命，高举旗帜、奋勇争先，创造了诸多奇迹，彰显了中华儿女共患难、能吃苦、有担当、讲奉献的可贵品质，是值得我们学习的楷模。他们或许冲锋在祖国最前线，就像陈祥榕烈士一样，始终心怀"清澈的爱，只为中国"的信念，在坚定捍卫国家利益的过程中守土有责、寸土必争，突入重围，营救战友，英勇战斗，奋力反击，毫不畏惧，直至壮烈牺牲，这是初心砥砺，因此奋勇向前，这是使命所在，因此义不容辞。他们或许扎根在基层第一线，就像黄文秀同志一样，时时刻刻把人民群众放在心头，关心人民群众冷暖，关切人民群众急难愁盼，始终坚持为人民谋福祉，克己奉公，尽职尽责，用青春书写了服务人民、奉献自我的精彩篇章，用生命诠释了共产党人的价值追求和使命担当。他们或许也在各条战线上发光增彩，就像白衣天使，不怕风险、不畏辛劳，坚持生命至上，筑起呵护人民健康的钢铁长城；就像教师群体，学高为师，他们始终坚持传道授业解惑，身正为范，坚持立德树人。在初心与使命的映照下，还有很多人在平凡的岗位上创造不凡业绩，他们都是时代新人的榜样。

不忘初心、牢记使命，时代新人要清楚认识到我们从哪里来，要到哪里去。我们既要清楚认识到我们来自何处，先进的青年群体与党和国家的发展是同向而行的，回望来时之路，我们筚路蓝缕，一路披荆斩棘、高歌猛进。我们也要清楚脚下是何地，要充分认清当前所处的形势，深刻把握当今时代发展大势，我们既要仰望星空，更需脚踏实地，"不积跬步，无以至千里；不积小流，无以成江海。"我们要一步一个脚印地行稳致远，不要妄想抄近道，走捷径，要稳扎稳打地铺就人生的康庄大道。我们更要知道我们要去往何方，国之所需，就是我们的心之所向、身之所往，国家富强、民族振兴、人民幸福，是每一个时代新人心驰神往的方向，站在历史的发展洪流、国家的发展需要和个人的价值实现交叉点上，我们要积极眺望，敢于畅想，勇敢追梦。"既然选择了远方，便只顾风雨兼程。"唯有紧跟时代召唤、激扬青春活力，才能高扬时代风帆，实现伟大梦想。

不忘初心、牢记使命，时代新人就要始终牢记我们常怀忧国忧民之心，激发爱国爱民之情。第一，要找准角色定位，充分认识"我是谁"。在这个伟大的时代中，时代新人应该肩挑多重责任，担当多重角色，要立志做实现伟大梦想的"排头兵"，助力强国建设的"主力军"，推动时代发展的"弄潮儿"，创造美好生活的"服务生"，讲好中国故事的"宣传员"等。第二，明确服务对象，清晰认识"为了谁"。"我将无我，不负人民"这是一代又一代中国共产党人的真实写照，也是时代新人孜孜不倦的价值追求。时代新人要做到心中有民，真正做到权为民所用，情为民所系，利为民所谋，努力提升广大人民群众的获得感、幸福感、安全感。第三，我们要汲取奋进动能，准确认识"依靠谁"。人民是历史的创造者，也是我们最好的老师，我们要放下身段，积极投身人民的伟大奋斗中，同人民一起前行、一起梦想、一起进步。

一代人有一代人的际遇，一代人也有一代人的使命。未来属于广大青年，时代是广大青年拼搏奋进的舞台。新时代的奋斗实践任重而道远，还有更多胜利等待青年去夺取，还有更大荣光等待青年去创造，广大青年朋友只有加倍努力，迅速成长为堪当民族复兴重任的时代新人，才能无愧于青春、无愧于时代、无愧于人民，才能让伟大梦想触手可及。

（二）培育时代新人是确保伟大事业后继有人的必由之路

我们所说的伟大事业就是指中国特色社会主义事业，纵观党的百余年拼搏奋斗史，在一代又一代中国共产党人的不懈努力下，伟大事业取得了卓越的成就，迎来了巨大的飞跃，中国共产党人在推进事业发展过程中积累了宝贵经验、凝聚了思想共识，系统回答了一系列重大时代课题，凝聚而成了一系列党的创新理论，不断推动事业劈波斩浪，继续向前发展。中国特色社会主义是实现中华民族伟大复兴的必由之路，伟大的事业呼唤优秀的人才，需要一批高素质的时代新人来支撑。党的十八大报告中提出："中国特色社会主义事业是面向未来的事业，需要一代又一代有志青年接续奋斗"①，高度重视青年工作，是我们党自成立之日起的一贯主张，我们党始终把培养造就有为青年作为推进事业长远发展的根本大计。推进伟大事业长远发展，关键在党，关键在人，归根到底在培养造就一代又一代可靠接班人，为了让这一面向未来的事业行稳致远，我们国家高度重视青年工作，坚持立德树人根本任务，长久以来始终坚持科教兴国、人才强国战略，将人才的培养与任用提升到了一个非常重要的高度。全面建成社会主义现代化强国是一场伟大的社会革命，在这场旷古卓绝的伟大社会革命中，需要有一代又一代能够担当民族复兴大任的时代新人前赴后继，不断书写中国式现代化新的辉煌篇章。

古语有云："得一士而国兴，失一士而国亡。"我国自古以来就把人才看作是国家兴盛的重要一环，极为重视优秀人才的选拔与任用。可以说，我们先人早已认识到人才是决定事业成败的关键，是建功立业的基石。"治国经邦，人才为急。"选贤举能是我们从古至今的共识，掌握了人才就意味着我们掌握了成就伟大事业的重要资源，就意味着我们无比接近成功与胜利。在今天，小到企业的发展，大到综合国力的竞争，人才都是十分重要的。进入新时代，人才资源已然成为经济社会发展第一资源，人才资源的特征和作用在日益激烈的综合国力竞争中更为突出，正如习近平总书记所指出的："国家发展靠人才，民族振兴

---

① 中共中央文献研究室编：《十八大以来重要文献选编（上）》，中央文献出版社，2014，第44页。

靠人才"①。从战略角度来说，人才已然是兴国之本、富民之基、发展之源。当然，事业与人才之间是互相成就的关系，谁也不能脱离谁单独存在，将二者分开来谈，从来都是一个"伪命题"。没有人才，事业犹如无本之木，即便发展前景再光明、再宏伟，也只能是泛泛而谈、流于空想，永远不可能取得成功；而没有一番远大的事业，一个人即便具有再大的才能也毫无用武之地，无法大施拳脚、大展宏图，自身价值就不能得到充分的彰显，只能庸碌草率地过完一生。所以说，事业激励人才，人才成就事业，二者处在一个动态的循环之中，只有相辅相成才能共同进步。

人才的需求不仅仅着眼于当下，更应该拓宽视野，将眼界扩展到未来。也就是说，为了当下的事业发展，广泛吸纳人才很重要，但具备可持续发展的目光，扎实做好人才储备更为重要，只有这样才能确保我们事业的发展不会出现断层。对于国家和社会而言，做好人才储备是非常重要的，因为庞大的优秀人才储备，可以提供稳定的发展支撑，为未来的竞争奠定良好的基础，大大提高国家和社会发展的底气和实力。特别是在国家与国家之间竞争日益激烈的今天，要想牢牢把握历史主动权，使自身发展立于不败之地，就必须切实做好人才储备工作，通过对人才进行行之有效的培养、选拔、储备和管理，促使优质人才队伍在任何时机、任何境地都能迅速补位，有效地补足短板、补全缺口，达到"长江后浪推前浪，一代更比一代强"的效果。我们常说，培养担当民族复兴大任的时代新人，是关乎党的事业承前启后、继往开来、后继有人的希望工程。可以说，培养时代新人，既为当前党和国家事业的发展输送了一批素质过硬、本领高强的可靠人才，同时也源源不断地培养和造就了一支高素质的人才队伍，让党和国家的事业发展在人才方面没有后顾之忧。

我们常说"后继有人"，聚焦到党和国家事业的发展，此处所说的"人"

---

① 习近平：《深入实施新时代人才强国战略 加快建设世界重要人才中心和创新高地》，《求是》2021 年第 24 期，第 4 – 15 页。

应该是社会主义建设者和接班人。从时代新人特质来看，我们可以十分笃定地说，他们必然能够成为社会主义事业的合格建设者和可靠接班人。社会主义建设者和接班人具备鲜明的品质，展现出了独特的人性光辉与人格魅力。他们信仰坚定，在理论之光、理想之星、信念之火的召唤下，始终听党话、感党恩、跟党走，走过万水千山，随党一起奋斗；他们吃苦耐劳，能够经得起惊涛骇浪的考验，能够受得住风霜雨雪的吹打，能够扛得住刀枪剑戟的磨砺，在一路前行的征程中，尽情挥洒汗水与血泪，始终以拼搏奋斗描绘青春底色，以自强不息书写壮丽人生；他们修身正己，始终奔跑在追求进步、追求卓越的道路上，始终以求知若渴、永不满足的态度朝着未来前进，在不断学习、不断追赶、不断圆梦的过程中攀登高峰、获取胜利，在使自己更加优秀的同时，也不断为国家和社会的事业发展做出更大贡献；他们阳光健康，充满青春气息，他们能始终以一颗积极向上的心态面对前行路上的困难与挫折，从不抱怨也从不气馁，他们能始终以一副朝气蓬勃的精神风貌来应对压力与焦虑，无惧失败也不怕被打倒，他们青春昂扬、奋发有为，以高尚的情操、健康的情志、阳光的情怀，让青春理想不断趋于现实，让青春朝气能够汇聚成报国动力。从前文所述培养时代新人的目标要求来看，一个堪当民族复兴大任的时代新人所需具备的品质与社会主义建设者和接班人所需具备的品质是不约而同、不谋而合的。从长远来看，培养时代新人，就是在培养社会主义事业的合格建设者和可靠接班人，确保党的事业能够后继有人。

中华民族的千秋伟业需要薪火相传，时代新人必然担当重要的角色。全面建成小康社会、实现第一个百年奋斗目标之后，我们又乘势而上踏上了新的赶考之路，开启团结带领全国各族人民全面建成社会主义现代化强国、实现第二个百年奋斗目标，以中国式现代化全面推进中华民族伟大复兴新的发展阶段。进入新发展阶段，构建新发展格局，贯彻新发展理念，实现高质量发展，需要一大批有理想、敢担当、能吃苦、肯奋斗的合格建设者和可靠接班人。党的十九届六中全会提出："党和人民事业发展需要一代代中国共产党人接续奋斗，必须抓好后继有人这个根本大计"①，这既是我们党在百年奋斗征程中积淀下来的宝贵历史经验，是需要我们在事业发展过程中不断深化的规律性认识，同时也是立足第二个百年奋斗目标，我们需要推进的重大战略任务。我们始终强调要培养好时代新人，为的就是抓好后继有人这个根本大计，这需要我们拥有清醒的战略头脑和长远的战略眼光，只有这样，我们才能培养一代又一代在社会主义现代化建设中可堪大用、能担重任的栋梁之材。因此，我们要坚定不移地推动时代新人尽快成长起来，使其能够服务经济社会发展所需，能够肩负起实现民族复兴的历史重任，让他们在服务党和国家事业的过程中发光发热，完成先辈未尽事业，创造新的辉煌与荣光。

（三）培育时代新人是助力青年学子成长成才的关键一招

成人成才从来都是一个充满无限美好的话题，它是个人心中"青云直上"的心愿，是父母心中"望子成龙"的憧憬，也是全社会对"群英荟萃"的期盼。可以说，推动青年学子成人成才，是小到个人与家庭，大到国家与社会的共同愿景。有人把推动青年学生成人成才仅仅看作是学校教师的责任，这其实是一个巨大的认知误区。要想推动青年学子成人成才绝非一件容易的事，并不是依靠某一个体就能够轻轻松松实现的，这可以说得上是一项系统工程。一般来看，要想助力青年学子成人成才，一方面要依靠青年学子勤奋刻苦、脚踏实地地付出主观努力，另一方面也需要树立良好家风、开展良好家教以提供来自家庭氛围方面的滋养；一方面要确保学校教师兢兢业业落实立德树人的根本任务，另一方面也要推动党和国家做好顶层设计提供优渥的教育环境。正所谓"十年树木，百年树人"，我们一直在推动青年学子成长成才方面久久为功，无不期盼青年学子早成栋梁，早立新功，早日成为可堪大任的经世之才。培育时代新人是为党育人、为国育才的必然要求，从这一层面而言，也是助力青年学

① 《中共中央关于党的百年奋斗重大成就和历史经验的决议》，人民出版社，2021，第74 页。

子成长成才的关键一招。从当下以及未来的形势与任务来看，青年群体是中华民族伟大复兴中国梦的"圆梦者"，也是带领伟大事业取得进一步发展的"领头者"，新时代是广大青年学子大有可为的时代，更是广大青年学子明确目标、不懈奋斗的时代，推动青年学子成长成才就是培育时代新人题中应有之义。新时代我们党培育时代新人的核心目标，就是要引导广大青年群体树立坚定的理想信念、全方位提升综合素质，使得广大青年群体迅速成长为经世之才，积极勇敢地承担起民族复兴的伟大历史重任。

培育时代新人让青年学子提高了思想认识。从人的成长规律来看，青年群体正处于"人的生理、心理急剧变化的时期，也是其世界观形成的关键时期，他们正在走向成熟又未完全成熟，具有很强的可塑性。"[①] 与此同时，广大青年学子是国家和民族未来的希望，青年群体的思想状况也关乎国家和民族未来的走向。特别是在生活节奏加快、形势复杂多变、诱惑层出不穷的当下，青年学子能否坚守底线、立场坚定，决定了我们事业的后续发展。因此，推动青年学子形成正确的世界观、人生观、价值观十分必要又尤为紧迫，我们必须牢牢抓住这一"关键时期"，引导广大青年学子扣好"第一粒扣子"，行稳致远走好人生道路，使得广大青年学子努力成长为党和人民所期盼的有志青年。培育时代新人，第一要务是要引导他们具备坚定的理想信念，要求他们树立远大志向。既要胸怀远大理想，又要一步一个脚印；既要拥有敢闯敢拼的精神，又要具备善作善成的本领。这就对广大青年学子提出了更高要求，要求他们不以蝇头小利为重，而要以天下苍生为己任，努力成为心中有梦、胸中有志、脚下有路的新时代好青年；要求他们努力学习科学理论知识，用科学理论武装头脑，不断深化对客观世界规律的认识，使自己不为异端邪说所左右，做到身心"刀剑不入"。在党和国家的感召下，广大青年学子在努力成为一名堪当重任的时代新人

---

① 陈万柏、张耀灿：《思想政治教育学原理（第三版）》，高等教育出版社，2015，第164页。

的过程中，必然对党和国家事业发展充满信心，必然对投身伟大事业充满热情。

培育时代新人让青年学子明确了前进方向。青年学子成长成才的过程，就像是一场在大洋上的航行，选择了正确的方向，就能够顺利抵达成功的彼岸，而选择了错误的方向，就必然会陷入失败的漩涡。可以说，方向决定了人生的轨迹，正确的方向可以帮我们避免不必要的困难与挫折，大大提高我们的信心与动力。在培育时代新人过程中，来自党和国家的号召犹如"指南针"和"压舱石"，让广大青年学子在人生的汪洋中，能够遵循着正确的航向驶向未来。第一，时代召唤青年，青年创造未来。在这个伟大的时代，有许多前人想做但还未做的事业有了更为清晰的前景，青年在新的时代条件下有了更多干事创业的可能，在青年群体的努力下能够创造一个更为光辉灿烂的明天。第二，党指向哪里，我们努力的方向就在哪里。习近平总书记指出："立足新时代新征程，中国青年的奋斗目标和前行方向归结到一点，就是坚定不移听党话、跟党走，努力成长为堪当民族复兴重任的时代新人。"① 历史已经充分证明，广大青年群体只要紧紧团结在党的周围，坚定不移地跟党走，我们就能做出一番实绩。在伟大事业发展过程中，中国青年曾经发出过"党指向哪里，就奔向哪里"的誓言。在实现第二个百年奋斗目标的伟大征程中，广大青年群体也要听党号召，让党放心。第三，国家所需在哪里，我们奋斗的方向就在哪里。当前，我国在发展过程中取得了举世瞩目的实绩，以一份优异的答卷回答了时代之问，获得了高分。但我们也必须清醒认识到，我们的发展任务仍然很重，在一些领域仍有"卡脖子"的难题亟待解决，一些"高精尖"的技术仍与世界强国有着一定差距。国家发展所需呼唤新时代青年群体尽快成长成才、建功立业，呼唤新时代青年心怀"国之大者"，担当国之大任，挑起国之大梁，以青春之我投身奋战一线，为"国之所需"奋斗终身。

培育时代新人让青年学子增添了发展机遇。俗话说"三分天注定，七分靠

---

① 习近平：《论党的青年工作》，中央文献出版社，2022，第 241 页。

打拼"，这就是在肯定个人努力的同时，也强调了机遇的重要性。党的十八大以来，我们党对立德树人工作高度重视，特别是党的十九大提出"培养担当民族复兴大任的时代新人"重大课题之后，我们对青年学子成长成才的关注达到了新的高度。中央教育工作领导小组曾印发《关于在高等学校实施"时代新人铸魂工程"的方案》，各个高校根据本校实际编制了行动方案，有力保障了时代新人培育工作的推进。可以说，我国自上而下对时代新人培育的高度重视，为青年学子成长成才提供了丰厚的条件，创造了巨大的机遇。一方面，时代新人培育拥有坚实的物质保障，确保青年学子成长成才拥有坚强后盾。从当前情况来看，用于时代新人培育的投入与日俱增，部分地区设立专项基金开展相关研究，力图为时代新人培育献计献策；部分地区鼓励青年学子创新创业、社会实践，给予政策、资金等方面的支持；部分高校增加思政课建设资金投入，确保立德树人主渠道作用得到充分发挥……这一系列做法从物质层面确保了时代新人培育实效的优化，让青年学子在物质丰盈的条件下没有后顾之忧。另一方面，时代新人培育拥有浓厚的文化氛围，为青年学子成长成才提供了充足的精神养分。新时代对中华优秀传统文化、革命文化以及社会主义先进文化的高度重视，让青年学子徜徉在中华民族博大精深的文化海洋中，在灿若星海的文化长河中领略其中的智慧光芒、人性光辉与人格魅力，其中的优良传统、可贵品质，也不断锤炼着青年学子的心智，洗涤着青年学子的灵魂。在时代新人培育过程中，培育者综合运用中华优秀传统文化、革命文化以及社会主义先进文化，营造了良好的文化氛围，推动青年学子坚定文化自信，让文化为青年学子成长成才提能增效。

培育时代新人为青年学子赋予了奋进动力。时代新人的培育是高标准、严要求的，这既体现在对他们思想信念的要求上，要求时代新人有理想、敢担当、能吃苦、肯奋斗；同时，也体现在对他们本领能力的要求上，要求时代新人具备学习本领、实践本领、创新本领、协作本领等。因此，要培养一批政治过硬、本领高强的时代新人绝不是一蹴而就的，这就激发了青年学子追求进步的壮志、服务人民的本心以及渴望建功的豪情。追求进步，是镌刻在青年学子心中的人生信条，青年学子一直行进在追求进步的征程中。正是在这一赤诚上进之心的激励下，青年学子以时不我待的信念努力学习，不断提高自己的思想境界，不断提升自己的科学文化水平，使自己能够紧跟时代的发展，把中国式现代化宏伟事业不断推向前进。民之所向，是青年学子成长成才的内在动力。在中国共产党的感召之下，广大青年始终将人民高高举起，深刻认识到只有为了人民、依靠人民，我们的事业才有生命力。正是因为心怀对人民的无限衷情，肩负为人民服务的光荣使命，广大青年才始终努力朝着"我将无我，不负人民"的精神境界前进。建功立业，让广大青年燃起"追梦赤子心"。广大青年学子心怀伟大抱负，渴望在祖国的大地上展现一番作为，他们将青春理想与精进学业相结合，快速成长起来，让自己具备建功立业的实力；他们将青春理想与扎根大地相结合，让自己在实践中充分了解国家和社会发展所需，明确了奋斗的方向；他们将青春理想与奉献祖国结合起来，不断释放青春激情，追逐青春梦想，让祖国大地开满绚丽的青春之花。广阔天地，大有可为，正是在建功立业目标的指引下，广大青年不怕吃苦，艰苦奋斗，深刻践行了"青春心向党，建功新时代"的誓言。

第二节　强国视域下时代新人培育的紧迫性

党的十八大以来，我们党和国家高度重视时代新人培育工作，做出了许多实绩，一大批有志青年在党和国家的号召下朝着成为一名"有为青年"的目标奋勇前进。在党和国家的关怀和培养下，一批青年学子走出校园，走向社会，走上各自工作岗位，在各行各业发光发热，做出了卓越的贡献，以自身作为为"时代新人"这一角色增添了更多光彩。在时代新人当中，也涌现出了一大批典型代表，他们或许是为了祖国荣誉在国际赛场上拼搏的运动员，或许是为了捍卫国家主权与领土完整挺身而出的边防战士，或许是为了满足人民美好生活需要而废寝忘食的基层一线工作者等，他们的"青春之花"吐露出无限芬芳，让人心旷神怡、倍感振奋，激励着广大青年在为党和国家奉献、为人民群众服务的正确道路上踔厉奋发、砥砺前行。不容忽视的是，尽管当前时代新人培育已经取得了诸多成就，但培育过程中仍然面临着一些问题亟待解决，具体体现在青年的素养有待提升、培育方式有待创新以及文化环境有待优化等方面，这些因素影响着时代新人培育的效果，如不加以重视并予以解决，则会使得时代新人培育事倍功半，无法达到理想的效果。

（一）青年素养有待进一步提升

"素养"是指个人通过后天的学习、训练和实践，依靠个人努力所获得的技巧、本领或能力，这些技巧、本领和能力已经深深地渗透进个人的日常生活中，从一定层面来说，我们也可以将"素养"简单地理解为一个人平日里所展现出的素质与修养。素养是一个较为庞大的综合性概念，还可以按照特质的不同区分为不同的类型，如政治素养、文化素养、道德素养等。素养犹如一面明镜，能够映照出一个人的品格，让人能够一目了然地透过外在看内在，整体地、全面地把握一个人的本质；素养也犹如一张名片，能够彰显出一个人的修养，让别人能够对自己做出正确的评价；同时，素养也是一把开启成功之门的钥匙，只有不断提高个人综合素养，才能不断创造一个又一个胜利。对于时代新人而言，综合素养均衡发展尤为重要，只有各方面均衡发展，才能更好地跟上时代的步伐，不至于在某一方面被自身短板"拖后腿"。从现实情况来看，在社会、学校、家庭以及青年个人的综合作用下，广大青年学子的政治素养、文化素养、道德素养和法治素养有了显著提高，并且还在持续不断的进步。他们热爱伟大的祖国，拥护党的领导，愿意为人民服务；他们刻苦学习科学文化知识，不断提高自己的专业能力和业务水平，广泛涉猎新知识；他们明大德、守公德、严私德，展现出了青年学子的良好精神风貌。不可否认的是，青年学子的综合素养还有进一步提升的空间，特别是在理论素养、身体素养、劳动素养、历史素养、法治素养、网络素养等方面需要迅速提升，使自身适应强国建设的需要，适应时代发展的需要。

1. 理论素养急需增强。历史和实践已经充分证明，青年学子只有拥有坚实的素养，才能树立坚定的理想信念。坚定的理想信念不是突然萌发的，必然要有理论信仰作为支撑，通过学习科学理论，高举真理的火炬，占据真理和道义的制高点。坚定理想信念也并非一时之功，而是我们青年学子需要终身追寻的课题，只有在理论素养上紧紧跟进、常学常新，才能不断吸收营养，补足精神之"钙"，挺起人生脊梁。与此同时，要想有效克服人生道路上的挫折与困难，不断增强理论素养也显得尤为重要。回顾历史，我们走过的路都没有旧例可循，也没有现成的经验可用，书本上更是找不到现成的答案，只能靠"摸着石头过河"。但"摸着石头过河"并非像"愣头青"似的胡闯乱拼，而是要讲求以科学理论为指导，运用马克思主义的立场、观点、方法想问题、办事情，从伟大的思想中凝练行动的力量。习近平总书记强调："最根本的本领是理论素养"①，将提升理论素养放在了一个十分重要的位置。因此，扎扎实实学好理论，切实提高理论素养，应该是每一个青年学子的"必修课"。我们说青年理论素养有待加强，并非说青年不学习科学理论，主要是强调青年对于科学理论的理解程度、学习深度以及学习时效性等亟待加强。第一，部分青年对于科学理论往往是浅尝辄止，不能完全理解其中深意，有时是一知半解，有时甚至与理论本意背道而驰；第二，部分青年在学习理论时，陷入"本本主义"的怪圈，通常只是阅读相关读本，而不是带着问题学，一边思考一边学；第三，很多青年在进行理论学习时具有滞后性，政治敏感度不高，对于党的创新理论的最新内容，未能第一时间进行了解。

2. 身心素养需要提升。青年学子拥有良好的生理和心理素养，不仅关乎个

---

① 习近平：《努力成长为对党和人民忠诚可靠、堪当时代重任的栋梁之才》，《求是》2023 年第 13 期，第 4－16 页。

人和家庭的生活幸福，同时也关乎国家和社会的可持续发展。健康的身心是我们创造美好生活、实现个人理想的基础，拥有一批体魄强健、意志坚定、活泼向上的青年群体，也是一个国家和民族具有旺盛生命力和巨大发展潜力的体现。青年强，则国家强。青年学子只有拥有强健的身心条件，才能最大程度地投入到学习、工作当中，让个人价值最大程度地发挥，为事业发展做出更大贡献。当前，中国青年的身心素质正在向好向强，但仍存在一定的问题。最新一次全国学生体质与健康调研结果显示，大学生体质健康达标优良率涨幅最小，仅上升0.2个百分点，远低于中学生的上涨幅度；在柔韧、力量、速度和耐力等方面的改善还远不如中小学生，总体而言，大学生身体素质下滑的问题仍较为显著，还未得到根本遏制。近些年来，抑郁、焦虑等心理问题也逐渐从成人、职业群体拓展到学生群体当中，并且日益呈现出"低龄化"的趋势，《中国国民心理健康报告（2021—2022）》数据显示，青年群体为出现抑郁倾向的高风险群体，从年龄结构来看，"18至24岁年龄组的抑郁风险检出率高达24.1%，显著高于其他年龄组"①。心理状况不佳，就会直接影响青年学子干事创业的激情与热情，无法最大程度激发自身正能量，一旦陷入负面情绪的泥淖，对个人工作、生活都是百害而无一利的。

3. 劳动素养有待提高。勤劳朴素是中华民族的优良传统，劳动使人快乐，在劳动中挥洒汗水，能够彰显个人价值，浓浓的个人成就感和获得感也在劳动中油然而生，当辛勤劳动所获得的果实呈现在我们面前时，我们的满足感也会达到前所未有的高度。劳动也为我们创造幸福，习近平总书记强调："光荣属于劳动者，幸福属于劳动者。"② 在劳动的过程中，我们一方面能够充分增强自己的问题意识，让自己在认识问题、解决问题的过程中能力得到显著提高；与此

---

① 齐芳、崔兴毅：《中科院发布心理健康蓝皮书——成年人群自评心理健康状况总体良好》，《光明日报》2023年2月27日第8版。

② 习近平：《在全国劳动模范和先进工作者表彰大会上的讲话》，人民出版社，2020，第11页。

同时，通过劳动也可以不断改善我们的生活条件，"不劳而获"从来都是不切实际的幻想，只有通过劳动我们才能不断积累财富、扭转现状，创造出美好的生活。梦想之花，只有经过劳动灌溉才能绽放绚丽；青春之画，只有通过劳动渲染才能绘就精彩。长久以来，我们始终以辛勤劳动为荣，以好逸恶劳为耻，将热爱劳动看作是一个人必须追求的美好品格。当今青年学子更应传承中华民族勤劳朴素的传统，珍惜劳动的机会，在劳动中充分展现自己的聪明才智，努力提高劳动素养，在辛勤的劳动中体会前人奋斗的艰苦卓绝，体会当今幸福生活的来之不易。在劳动素养方面，青年群体中普遍存在的问题主要体现在对劳动的重视程度不够，对于劳动存在片面的认知，将劳动狭隘地等同为耕田种地、打扫卫生等付诸体力的行为，也存在部分青年自视清高，对于体力劳动嗤之以鼻的情况；青年的劳动技能有待提高，受成长环境和生产效率大幅提高的影响，相当一部分青年并未切身体验过生产劳作的过程，很多情况下只是简单做做家务，更有甚者是"衣来伸手，饭来张口""四体不勤，五谷不分"。强国建设唯有通过艰辛劳动才能实现，青年学子要想屡建新功，就必须形成正确认识，提升劳动技能，让自己成为一名合格的劳动能手。

4. 历史素养需要升华。中国历史源远流长、浩如烟海，其中蕴藏着宝贵的财富，深入了解、系统学习历史知识，有利于我们知晓兴衰成败，帮助我们鉴古知今，了解兴替规律，更好地去破解历史周期率。部分青年学子对于我国的历史不甚了解。在少年阶段，我们了解历史的渠道是阅读简易读本、了解历史故事；从中学阶段开始，历史学科就是我们的一门必修科目，兼顾了古今中外。很多时候，青年学子仅仅是记忆历史知识点，以应付考试，一些开放性的思考往往套用各种答题模板，缺乏自身对历史的认识与思考。很多时候，青年学子将历史进行碎片化的学习，将一个个历史事件独立起来看待，并未沉下心来按照时间线脉络将历史串联起来学习。部分青年对于"野史"内容持有高度兴趣，当前中国可以考证的历史有 4000 多年，特别是古代史部分，由于记录、流传的问题，留给了人们遐想的空间，这就导致了一些打着"秘史"旗号的内容流传，甚至出现了"魔改""神话""颠覆"正确史实的创作，这些内容往往以跌宕起伏的情节吊足了青年群体的胃口，但其实这些内容的流传是对历史的不负责任，从根本上偏离了实事求是的原则，青年群体过分沉迷"野史""秘史"是毫无益处的。青年学生毕竟阅历有限，对于部分问题未知全貌，容易被错误内容带偏，这种情况也值得高度警惕。

5. 网络素养有待加强。自 1994 年互联网传入我国以来，经过 30 年信息技术的蓬勃发展，互联网已经深入我们学习、工作、生活的方方面面，可以说互联网与人类已经紧密结合，我们已经离不开互联网。对于青年学子而言，互联网是学习的工具，借助网络我们可以检索、查阅、学习有用的信息，大大提高我们的学习效率，也可以通过网络收集、分析重要数据，让我们所获得的结果更为精准；互联网也是青年学生进行社交的渠道，在微博、微信、QQ等社交软件流行的当下，青年群体的社交渠道进一步被拓宽，有了更多结识志同道合伙伴的机会。网络为我们带来诸多便利的同时，我们也必须清醒地认识到网络并非"真空地带"，它也有一定的原则和规则需要我们践行和遵守，对于青年群体而言，这就要求我们要不断提升个人的网络素养。近些年来，我国青年的网络素养正在稳步提升，但仍有较大的提升空间。北京师范大学发布的《新时代数字青年网络素养调查报告（2023）》显示，大学生网络素养整体平均得分为 3.67 分（满分 5 分），略高于及格线，有待进一步提升。[1] 青年学子在最大限度发挥互联网的正向价值、加强个人网络行为的自律性、提高个人隐私的保护度、增强对网络信息的辨别力、强化对网络规范的认知度等方面还有较大进步空间。

当然，广大青年学子的政治素养、文化素养、道德素养和法治素养有了显著提高，绝不意味着就要停下提高政治素养、文化素养、道德素养和法治

---

[1]　中国新闻网：《新时代数字青年网络素养调查报告（2023）》发布，https：//www.chinanews.com.cn/cj/2023/05-30/10016638.shtml，访问日期：2023 年 5 月 30 日。

素养的步伐。在这些方面或多或少地还存在着一些小问题需要去解决，就比如法治素养而言，青年对于法律了解程度还不够深入等。我们绝不能停下追求进步的步伐，要在多方面齐齐发力，不断提高自己的综合素养，使自身实现均衡发展。

（二）培育方式有待进一步创新

时代新人的培育是一项系统工程，需要从多个方面予以突破。高校是时代新人培育的主阵地，从高校"时代新人铸魂工程"的部署和推进来看，对于时代新人的培育都是高度重视的。一方面，注重强化组织领导，高屋建瓴地谋划时代新人培育各项工作，大部分高校专门成立领导小组并由学校主要领导担任小组成员，如北京大学在推进"时代新人铸魂工程"的过程中，成立了思想政治工作领导小组、思政课领导小组、思政实践课程建设领导小组等，并由学校党委书记、校长任组长[1]；中国农业大学成立了由党委书记、校长任双组长的"时代新人铸魂工程"领导小组，统筹推进"时代新人铸魂工程"各项工作，集中研究解决各类问题[2]；武汉理工大学"时代新人铸魂工程"领导小组办公室设在宣传部，由党委书记、校长担任组长，分管党建、宣传、教育教学和学生工作的校领导担任副组长。另一方面，高校也注重精心谋划，依托本校特色别出心裁地设计各项活动，以确保时代新人的培育效果最大化。如西南交通大学以"新时代特色，西南交大风格"思想政治工作体系为依托，突出"交通"特色，专门打造了"教师思政——春风计划""高铁思政——文轨计划""智慧思政——灵秀计划"等思政工作特色品牌；华中师范大学专门设立"时代新人

① 中华人民共和国教育部：《北京大学以"五个强化"深入实施"时代新人铸魂工程"》，http：//www. moe. gov. cn/jyb_ sjzl/s3165/202311/t20231121_1091459. html，访问日期：2023 年 11 月 16 日。

② 中华人民共和国教育部：《中国农业大学深入落实"时代新人铸魂工程"》，http：//www. moe. gov. cn/jyb_xwfb/s6192/s133/s146/202401/t20240122_1111180. html，访问日期：2024 年 1 月 22 日。

铸魂工程专项支持计划"，分十二个板块支持理论研究、文艺创作、基地建设以及骨干培养等工作。2023 年，文化和旅游部、教育部、共青团中央、全国妇联、中国关工委等五部门和组织还联合印发了《用好红色资源 培育时代新人红色旅游助推铸魂育人行动计划（2023—2025 年）》，强调要充分发挥红色旅游在红色教育方面的积极作用，助力时代新人培根铸魂。基于此，部分学校也积极开展红色研学，助力青年学子增添红色基因。尽管在时代新人培育过程中涌现出了一些优秀的做法，但培育方式上仍然存在一定的需提高、改进之处，如果能加以优化，将有助于大大提高时代新人培育的现实效果。

1. 理论灌输较为生硬，欠缺亲和力。培育时代新人，必须坚定不移地用新时代党的创新理论培根铸魂、立德树人。这就需要学校及教师在深入学习、深刻领悟、系统研究的基础上不断深化规律认识，持续推动习近平新时代中国特色社会主义思想进教材、进课堂、进头脑，从而将之贯穿于时代新人培育的全过程。高校思想政治理论课是落实立德树人根本任务的关键课程，也是向学生灌输党的创新理论的关键课程，思政课第一要务是要讲好理论，要坚持"以透彻的学理分析回应学生，以彻底的思想理论说服学生，用真理的强大力量引导学生"①，思想彻底、理论透彻才能真正做到入耳、入脑、入心、入行。然而，部分教师在课程教学过程中还存在照本宣科的情况，欠缺理论深度、情感温度，"冷冰冰"的思政课拉开了教育者与受教育者之间的距离。针对这些现象，教育部原部长陈宝生就曾提出"学生在听'死理论'时，没有温度、没有触感、没有质量，这样的课学生不愿意听。"②

作为以理论教育为主的课程，思政课要想达到良好效果，必须在增进亲和力方面下功夫，着力解决"高校思政课'配方'比较陈旧，'工艺'比较粗糙，

---

① 习近平：《思政课是落实立德树人根本任务的关键课程》，《求是》2020 年第 17 期，第 4 – 16 页。

② 《思政课堂点亮青年信仰——高校思政课教学质量年专项工作述评》，《中国教育报》2018 年 2 月 27 日。

'包装'不那么时尚"① 的问题，增强高校思政课理论深度、视野宽度以及情感温度，不断提升青年学生对思政课学习的主动性。

总的来说，理论灌输既要传达思想之"深"，积极引导青年学生学习科学理论、感受思想伟力；同时，理论灌输也要表达情感之"真"，青年学子作为一个有血有肉、有丰富情感的个体，有一定的个人主见，能够做出价值选择，是一个富有创造性、主观能动性的教育对象。理论灌输应始终坚持寓情于理，无论是以生动的案例感染人，还是以真挚的情感打动人，目标都是要转变以往教学中生硬灌输的做法，打破教师"一言堂"的传统局面，打造师生平等交流的场域，真正做到情理交融。

因此，理论灌输应该做到"有意义"与"有意思"的结合，要避免在平铺直叙的教育教学中照本宣科，力求实现由曲高和寡向喜闻乐见的转变。兼具"有意义"与"有意思"不仅能够对理论灌输的实效性有较大的提升，从长远来看，对于提升青年学子对马克思主义的真信仰、对共产主义和社会主义的坚定信念及对中国共产党的信心，培育合格建设者和可靠接班人也具有无可比拟的作用。

2. 实践研学较为敷衍，缺乏实效性。读万卷书不如行万里路，广阔天地，大有可为，习近平总书记指出："要坚持知行合一，注重在实践中学真知、悟真谛、加强磨炼、增长本领。"② 对于时代新人的培育绝不仅仅局限于校园环境之中，相反，我们通常鼓励广大青年学生群体走向社会，进行社会实践，打卡基层一线，在实践中探寻真理、检验真理，不断强化爱国情、强国志、报国行。我们说，实践研学是培育时代新人的重要方式之一，实地参观走访是实践研学的主要形式，这种方式增添了教育方式的多样性，体现了思想政治教育的艺术，如果运用得当，能够达到强化育人效果的作用。

---

① 晋浩天：《教育，如何改革发展——教育部部长陈宝生答记者问》，《光明日报》2017 年 3 月 13 日第 10 版。

② 《习近平关于青少年和共青团工作论述摘编》，中央文献出版社，2017，第 53 页。

但在实践研学的过程中也存在一些问题，一方面，仍存在前期准备不充分的问题，部分教育工作者和青年学子本人仅仅把实践研学作为一种集体出游来对待，对于育人目标、育人成效未进行精细考量，目的地选取不够精准，缺乏与时代新人培育的关联度，这就导致实践研学变成了"游山玩水"，教育过程变成了享乐过程，使得实践研学偏离了正确的轨道。另一方面，在实践研学过程中，过度依赖导游讲解，由此只能对表象内容，如历史事件、人物故事、相关展品概况等有基本的把握，而对于精神挖掘、青年学子价值观提升方面所起的作用十分有限。此外，实践研学完成后，忽视总结提升的过程，短时间内青年学生可能记住了人、物、事，但是思想上如果没有受到触动，效果也是微乎其微。

3. 问题识别不够精准，欠缺针对性。从青年学子的身心特点来看，他们正处于由不成熟向成熟的过渡阶段，"涉世不深，处世经验少，思想比较单纯，是非判断能力不强，容易受到外界影响和不良因素的干扰"[1]。因此在时代新人培育过程中，需要教育工作者能够充分读懂青年学子的心理内容，了解他们的感受，获取他们的诉求，排解他们的疑惑。只有通过对青年学子思想需求的精准把握，将时代新人培育目标与青年学子需求目标充分结合，着力解决育人供给侧和学生需求侧不平衡的矛盾，才能切实提高时代新人培育的效果。在社会环境高度变化发展的今天，青年学子面临的困惑也不断增多，既有思想理论方面的困惑，也有个人情感方面的困惑。一方面，存在困惑就必定存在解决困惑、探索新知的动力；另一方面，思想困惑如不及时解决则对学生的思想进步与健康成长产生阻力。教育工作者如果能够在日常工作中及时掌握学生的思想变化，洞察学生在思想情感、价值取向方面出现的问题，对暴露的思想偏差端倪进行有针对性的干预，就能够确保青年学子在思想上得到提升。

在实际工作中，受学生规模、管理模式等客观情况的影响，教育工作者通

---

① 郑永廷：《思想政治教育学原理（第二版）》，高等教育出版社，2018，第192页。

常无法及时、全面、精准地掌握学生身心动态，还存在着对青年学生个性特征和主体诉求把握不准、对现实困惑和真实诉求了解不清等问题。部分教育工作者在教育过程中出现了只见共性不见个性、只见总体不见具体、只见普遍不见特殊的情况，培育过程采取"大水漫灌"而非"精准滴灌"，因此未能达到良好的教育效果。因此，广大教育工作者在推进时代新人培育的过程中，还需在精准施教方面下功夫。

（三）文化环境有待进一步优化

以文化人，如沐春风，文化对一个人的影响是潜移默化、润物无声的，优秀的文化能够极大程度地丰富人的精神世界、改善人的精神面貌、提高人的精神追求，人们对文化生活的向往也是广大人民群众对美好生活向往的重要组成部分。习近平总书记多次强调"文化兴国运兴，文化强民族强"①，深刻道出了文化发展与国家发展之间的紧密关系，当前我们也一直坚定不移地推进文化强国建设，希望通过文化强国建设大大提高社会文明程度、增强国家文化软实力、扩大中华文化的影响。文化建设与时代新人培育是相辅相成的，有了优良的文化环境，时代新人的培育就能顺利进行，文化环境如果不佳，时代新人的培育就会遭受挫折；从长远来看，当前培育的时代新人也是未来推进文化发展进步，扎实推进文化强国建设的中坚力量，是优化文化环境的"主力军"。聚焦到当下，信息技术的发展日新月异，文化信息量借助网络平台数量剧增、高速传播，"短平快"的文化形式也大为流行，给文化环境带来机遇的同时也带来了巨大挑战，三俗文化、消极文化、落后文化等不良文化悄然发展，外部势力通过文化渗透扰乱主旋律、削弱正能量的不良意图也从未断绝，这不仅不利于文化强国建设，也会扰乱时代新人的培育的正常步伐。

1. 三俗文化变化多端。人有高矮，文化也有雅俗。我们区分文化的雅俗，

① 习近平：《习近平谈治国理政（第三卷）》，外文出版社，2020，第32页。

并不是区分"高山流水"与"下里巴人"，这只是文化表现形式的不同，是根据文化的受众不同而出现的不同的文化样态，体现的是"高深"与"通俗"的差异。探讨文化的"雅"与"俗"更多的是针对文化尺度的讨论，而这个尺度就是公序良俗，彰显公序良俗谓之"雅"，违背公序良俗谓之"俗"，这种"俗"体现为庸俗、低俗、媚俗。

"庸俗文化"是指罔顾质量粗制滥造，传播低级趣味的一种文化现象。庸俗文化主要包含三个方面的内容，一是追逐名利，将钱和权过分放大化，让文化场域沦落为名利场，在拜金主义等错误社会思潮的影响下，导致受众成为金钱的"附庸"，沦为利益的"奴隶"，进而出现道德沦丧、三观扭曲的后果；二是追求享乐，过分强调享乐主义，重视宣传物质方面的享受，而忽视精神层面的追求，导致奋斗的观念和行动受到巨大冲击，由此导致社会风气的恶化；三是娱乐至死，过分追逐文化的娱乐性、吸引力，而摒弃了"内容为王"的价值理念，重视外显而忽视内涵，注重吸引而忽视传承。

"低俗文化"是指突破道德底线，传播污秽内容的一种文化现象，部分不法分子在利益驱使下，利用青年群体的好奇心理，传播带有低俗元素的内容，极易对青年群体的身心健康造成不良影响。"低俗文化"的样态主要包括两类，一是淫秽色情，利用文化受众对于两性议题的懵懂与好奇，生产制作带有明显性暗示，易引发受众不当联想的内容，年龄小的受众接触这些内容后，会对自身身心健康发展产生不良影响。二是血腥暴力，通过刻画恶意打斗、流血冲突等场景，使人视觉、听觉受到剧烈冲击，部分人受此影响会走上模仿类似行为的错误道路。

"媚俗文化"是指千方百计迎合受众心理，不管是非曲直的一种文化现象。在当今的文化环境中，"媚俗文化"尤为突出，特别是在网络环境中，部分群体为了获取所谓的流量，过分迁就受众。例如，在网络直播的过程中，部分主播为了达到"引流""炒热""打榜"的效果，忽视了原则和底线，就像有的主播以"吃播""大胃王"为吸引人眼球的点，在忽视个人健康的情况下，胡吃海塞各类食物，有的主播以"打赏"为卖点，只要网民送礼物，就满足网民的各种不合理要求。这些都是"媚俗"的典型表现。

三俗文化具有成本低、流通快、隐匿性强的特点，这就使得它能在一段时间内在受众群体中快速地、悄然地流行。三俗文化给青年群体的成长带来了不和谐的噪音，不但会对青年群体的审美观念造成冲击，混淆青年群体对善恶美丑的正确认识，同时也会冲击青年群体的价值追求，使其落入贪图享乐、欲望膨胀的怪圈。此外，三俗文化还会消解中华优秀传统文化、革命文化和社会主义先进文化的正向价值，使得青年学子信仰迷失、道德失衡的概率大大提高。

2. 消极文化层出不穷。青年受消极文化的负面影响，从近些年来流行的三大网络用语——"内卷""佛系""躺平"可以窥见。"内卷"一词本是社会学的专业用语，指一种社会或文化模式在发展到一定阶段后停滞不前，或无法转化为更高级模式的现象。2020 年下半年，因几张网络热图的传播，"内卷"一词在青年群体中广泛流行开来，用以指代非理性内部竞争，这一语词显示出青年奋斗过程中的精神内耗。"佛系"一词是一个"舶来品"，源自 2014 年日本某杂志对于"佛系男子"的介绍，指代那些沉浸在自己的世界中无法自拔、专注于自己的兴趣、独来独往不愿意与异性交流的男性群体。2017 年 12 月，一篇名为《第一批"90 后"已经出家了》的博文爆红于网络，引发了广大青年群体的共鸣，这篇文章详细介绍了现在年轻人对待生活的"佛系"态度，将"佛系"一词的语义进行了进一步的扩充，意指一种看淡一切、不争不抢、无欲无求、随遇而安的人生态度。有人说，"佛系"的流行体现了年轻人对锱铢必较、非理性争执的反感，希望构建和谐的生活秩序。也有人说，年轻人以"佛系"自嘲，体现的是一种求之不得干脆降低人生期待值的无奈，反映的是一种不可取的消极生活态度，是青年奋斗过程中的无奈妥协。"躺平"在现在的流行语义中多指一种"不作为""不反抗""不努力"的生活态度，是人们用自嘲的方式面对巨大的生活压力、高度的"内卷"竞争，体现出青年奋斗过程中的方向迷失。

这些消极文化带给青年群体的不良影响是巨大的。第一，消极文化助长负面情绪，在消极文化的影响下青年群体的负面情绪无法得到有效宣泄和排解，会像滚雪球一样越来越大，产生巨大的焦虑感、抑郁感，这势必会对自己的工作和生活造成不良影响；第二，消极文化削弱奋斗动力，在消极文化的影响下，青年可能产生无力感、无用感，怨天尤人，认为单凭自己的努力不可能达到理想目标，最终去选择"摆烂"和"躺平"；第三，消极文化一定程度上还会造成价值观的错乱，消极文化传播的价值理念与当今社会主流价值理念是背道而驰的，这样一种文化在青年群体中流行，会冲击青年群体的"三观"，放大青年群体消极处世的情绪，深刻影响个人与社会的活力。

3. 落后文化数见不鲜。"落后"与"先进"是相对而言的，落后文化中蕴含的思想腐朽，观念陈旧，与当前我们所提倡的时代精神是不相符的。落后文化也有广义与狭义之分，从广义来讲，一切具有负面影响的文化都可以纳入落后文化的范畴，此前所述的三俗文化与消极文化从宏观上也可以归于落后文化的行列；从狭义来讲，落后文化更多地强调的是文化中的"糟粕"部分，是带有迷信、愚昧色彩的文化。落后文化的负面影响主要体现在消解科学精神、败坏社会风气、影响和谐稳定等方面，主要体现为以下几个方面。

封建迷信的玄学色彩冲击了科学精神。封建迷信是指将自己的精神、情感寄托于鬼神，对鬼神展现出盲目的信仰和疯狂的崇拜，历史上之所以有封建迷信存在，主要是因为科学知识的缺乏，对于一些超出个人知识储备的现象，只能将其归结于鬼神。

男尊女卑的错误观念败坏了社会风气。男尊女卑的思想具体指抬高男性地位、贬低女性作用，男权至上的一种传统封建思想。尽管我们一直强调男女平等，但在日常生活、工作过程中仍然存在一定的歧视女性的现象，具体表现为忽视女性的个人努力、压缩女性的上升空间等，更有甚者还存在恶意调侃女性、物化女性的思想和行为。在强国建设的征程中，只有本领高低之分，从来都没有男女性别歧视，男女之间发挥的作用、创造的价值都是均衡的。而故意挑起性别对立、强调男尊女卑的思想观念一旦蔓延开来，对于时代新人的培育是具有极大负面影响的。

歧视文化的故意作祟威胁了和谐稳定。在我们的日常生活中，歧视文化仍然有所存在，如地域歧视，部分富庶地区的群众看不起经济落后地区的群众；城乡歧视，在城市中生活的群体看不起农村生活的群体；学历歧视，高学历的人看不起低学历的人，高水平院校的学生歧视一般院校的学生等。深究歧视文化产生的原因，很大程度上还是受刻板效应的影响，未能从大局出发，对人和事没有一个清晰、整体的认识，这与时代新人的培育是背道而驰的，带来了很多不确定、不稳定的影响因素，不利于内部团结与和谐。

4. 文化渗透此消彼长。习近平总书记指出："国内外各种敌对势力，总是企图让我们党改旗易帜、改名换姓，其要害就是企图让我们丢掉对马克思主义的信仰，丢掉对社会主义、共产主义的信念。"① 和平与发展是当今时代的主题，但也有少数外部势力打着和平的幌子，披着民主、自由的外衣，企图通过文化渗透的方式来扰乱我们的国家与社会，企图达到和平演变的效果，青年群体正是这些外部势力进行文化渗透的重点对象。

当前，互联网迎来了快速发展，带来了庞大的文化信息量，各类文化信息通过互联网实现了高速传播。根据统计报告显示，截至 2023 年 6 月，我国网站数量为 383 万个，国内市场上监测到活跃的 App 数量为 260 万款②，青年群体获取文化信息的渠道被最大范围地拓宽。通过丰富繁杂的网站、App 等网络平台能够接触各式各样的文化信息。在这些纷繁复杂的社交平台中，一些别有用心的人士也"包藏祸心"，企图通过传递一些内容，满足青年群体的猎奇心态，

---

① 习近平：《习近平谈治国理政（第二卷）》，外文出版社，2017，第 327 页。

② 中国互联网络信息中心：《第 52 次中国互联网络发展状况统计报告》，https：//www.cnnic.cn/NMediaFile/2023/0908/MAIN1694151810549M3LV0UWOAV.pdf，访问日期：2023 年 8 月 28 日。

激发青年群体的不满情绪，消解青年群体的爱国精神，这些对于时代新人的培育都是具有极大隐患的。

我们也要警惕"洋势力"的"软侵蚀"。主要表现为部分境外势力对中国刻意歪曲式地批判、别有用心式地解读、有选择性地忽视以及拈酸吃醋式地评价等方面，第一，对于我们党的政治主张进行恶意曲解，对于我党领导人的思想观点进行歪曲解读，试图丑化我们党的形象；第二，对于我们党的行动进行复杂化的认识，总是"乱扣帽子""强加意图"；第三，对于我们党的历史功绩视而不见，总是刻意放大历史上的挫折与失误；第四，对于我国发展成就的内在原因不愿正视，有意回避我们党领导的坚强有力性、制度的优越性以及思想理论的科学性。这种"软侵蚀"对于时代新人的培育都会带来不小的冲击，值得我们高度重视。

第三节　强国视域下时代新人培育的原则性

原则，可以简单地理解为我们的行为准则，也可以指在长期的实践中形成的符合客观规律的合理认识，在工作中必须加以坚守。习近平总书记曾指出："坚持原则是共产党人的重要品格"①，推进强国建设和培育时代新人，都是共产党人的历史重任，要培育能够肩负起时代重任的时代新人，必须坚持五点原则，即育人与育才相统一、理论与实践相统一、宏观与微观相统一、现在与未来相统一、守正与创新相统一。

（一）培育时代新人要坚持育人与育才相统一

在现实生活中，我们经常把"育人"和"育才"结合起来讨论，二者只有一字之差，貌似意义相近，但育人和育才之间还是有所差距的，体现了教育的

---

①　习近平：《努力成为可堪大用能担重任的栋梁之才》，《求是》2022 年第 3 期，第 4 - 15 页。

两种境界，将"育人"等同于"育才"，实际上是陷入了认识上的误区。"才"可以指人才，也可以指才能。因此，我们可以把"育才"理解为努力提高人的各项技能，使之成为符合社会需要的人才，"育才"更多的是聚焦于技术层面的人。人之所以为人，是因为他在具备基本生存技能以外，还能够明是非、知善恶，有自己的道德标准和伦理观念。我们常说"立德树人"，可以说育人是把提升一个人的道德感放在第一位的。"育人"强调培养理想人格，"育才"突出培养生存技能，"育人"与"育才"须臾不可偏离，丝毫不可偏废。只强调品格而忽视技能，最后养成的就只能是"愚人"，而忽视道德养成只注重技能提升，培养出来的也只能是一个"歪才"。只有人格、品德与才华、技能都具备的人，才可以称得上是真正合格的、堪当大任的"人才"。应该说，推进强国建设是关系我国未来发展的伟大事业，需要的是一批德才兼备的人才，而我们培育的时代新人也正是如此。

当然，在育人和育才相统一的过程中，有两个不等式需要牢记，一是"育人不等于育才"。"育人"和"育才"虽然都是我们开展教育的目的，二者之间却是有所区别的。从"量"上来说，育人与育才的教育者与教育对象所辐射的范围有较大差异，育人的覆盖面要远远大于育才。从受教育的对象来看，育人突出有教无类，强调要对所有受教育者负责，要帮助所有受教育者养成理想人格，具有普遍性和一般性的特征。而育才强调术业专攻，有针对性地因材施教，可以根据受教育者的个人特点，进行个性化的培育。从进行教育的人来看，我们强调人人皆可育人，并且鼓励全员育人，古语有云"三人行，必有我师"，每一个人身上的闪光点，都可以成为"育人"的养分；俗话说"要想给别人一杯水，自己就应有一桶水"，而在育才的过程中强调较强的专业性，因此要想教人成才，教育者必须在相关领域精深。而从"质"的方面来看，育才与育人也是有所差距的，并呈现出递进的关系，可以简单地理解为，育才必先育人，而育人又要以德为先，只有首先成为一个堂堂正正的人，才能百尺竿头更进一步，造就胸怀韬略的英才。

我们所强调的第二个不等式是"成才不等于成功"。成才是育才的结果，是指通过教育者的精心培育和教育对象的刻苦努力，掌握并熟练使用某项技能，成为某个领域佼佼者的过程。成才意味着我们即将从青春的"象牙塔"迈入社会的"练兵场"，踏上了奔赴万里河山的"起跑线"。当今社会，在科技、教育的快速发展之下，有才之士已经屡见不鲜，但"成功人士"少之又少。在一般人看来，有了丰厚财富积累的人才称得上是成功，但真正意义上的成功并非如此，只有充分发挥个人价值、创造出巨大效益的人才可以称得上是"成功人士"。因此，我们说成才只是成功的"敲门砖"，成才之后只有抓住机遇、付出努力才能触碰到成功的门槛。而自视清高、恃才傲物的人必然会因为自己的性格弱点与成功擦肩而过、失之交臂。

习近平总书记指出："人才培养一定是育人和育才相统一的过程，而育人是本。"① 这是强调育人与育才的统一，我们就必须通过具体的实践切实回答好"培养什么人，为谁培养人，怎样培养人"这个根本问题。"培养什么人？"应该明确我们要培养的时代新人是能够肩负起时代重任的人，面向未来，时代新人的角色定位理应包括"建设者""接班人""弄潮儿""先行者"，敢于搏击时代风浪，勇于创造新的奇迹。"为谁培养人？"我们应始终贯彻为党育人、为国育才的教育方针，着眼于党和国家战略需求，激发青年学子的家国情怀，打造一支对党忠诚、扎根人民、服务社会、奉献国家的经世之才。"怎样培养人？"人无德而不立，在育人育才过程中，应该把立德树人摆在首位，引导青年学子"扣好人生第一粒扣子"，教育他们要坚定理想、提升本领、增强担当。

（二）培育时代新人要坚持理论与实践相统一

坚持理论与实践相统一是我们党的优良传统，理论联系实际是我们党的优良作风。毛泽东同志曾经指出："理论与实践的统一，是马克思主义的一个最基本的原则。"② 时代新人是一个兼具理论性和实践性的课题，我们既强调要坚持

---

① 习近平：《在北京大学师生座谈会上的讲话》，人民出版社，2018，第 7 页。
② 中共中央文献研究室编：《毛泽东文集（第七卷）》，人民出版社，1999，第 90 页。

科学理论的指导，也强调要吸收借鉴实践经验；我们既强调要扎实学好理论，也强调要深入开展实践。坚持理论与实践相统一，根本目的就是要让时代新人在思想上、行动上无愧于时代、无愧于党和国家、无愧于人民群众。因此，理论和实践绝不能脱节，必须统筹兼顾，将二者有机结合起来。

从理论层面来看。我们首先要高举科学理论大旗，占据真理的制高点，旗帜鲜明地以科学理论为指导。时代是思想之母，实践是理论之源。在理论联系实际的优良作风影响下，一代又一代中国共产党人，深刻回答时代之问，积极引领时代之潮，在深入学习运用马克思主义理论的基础上，形成了一系列党的创新理论。只有指导思想具有科学性才能确保我们的实践具有正确性，只有坚持用马克思主义的立场观点方法想问题、办事情，坚持以党的创新理论为指导，时代新人的培育才能沿着正确的航向前进。我们既要坚持科学理论指导，同时也要注重科学理论武装，要用科学理论武装时代新人的头脑。时代新人成长成才的道路上也会有艰难险阻和风险挑战，要想破除困境，必须要求他们更加努力学习。科学理论是时代新人踔厉奋发的精神旗帜，能够激发出他们排除万难的斗志和勇气；科学理论也是时代新人砥砺前行的思想武器，是他们披荆斩棘、破浪前行的思想法宝。

从实践层面来看。一方面，我们要从实践经验中汲取培育时代新人的养分。对于"新人"的培养并非一个史无前例的话题，回顾历史，在各个阶段我们都提出了"新人"的培养方案，只是受时代特征差异的影响而有所不同。我们应充分吸收借鉴前人培育"新人"的经验，一些好的做法、好的传统要加以学习、继续坚持，一些不当之处或不符合当前时代的做法应该加以调整、有所规避。时代新人的培育只有进行时，没有完成时。因此我们在开展时代新人培育的过程中要一切从实际出发，时常开展回头看的工作，系统总结阶段性经验，并据此对下一阶段的实践行动进行调整、优化。我们既强调要总结实践经验，也强调要推动时代新人积极投身实践，要鼓励广大青年学子奔赴强国建设的一线，积极体察国情、民情，将论文写在祖国大地上，将个人汇入强国浪潮中，不断在实践中学习、在实践中领悟、在实践中升华。

理论固然需要学好、学精，但如果只知道坐在课堂啃读书本，不愿走出课堂来联系实际，这就难免会落入纸上谈兵的窠臼，使得自身努力学习丧失了价值与意义，注定会沦为空口白牙的"老学究"。相反，如果只一味地强调要进行实践，而忽视了理论的学习，就会导致我们的具体工作缺乏科学理论的指导，必然会陷入充满荆棘的道路和布满迷雾的海洋，成为晕头转向的"迷失者"。培养时代新人既不能是满口之乎者也、仁义道德，也不能是一味猛冲、盲目蛮干，必须营造一种"善于学习，勇于实践"的氛围，一手抓理论教育，一手抓实践锻炼，达到以知促行、以行求知的理想效果。

（三）培育时代新人要坚持宏观与微观相统一

培育时代新人是一项系统而庞大的工程，本身就具有宏观与微观相统一的特征，它既可以是放置在国家、民族、社会大环境中的宏大叙事，也可以是聚焦于学校育人、个人发展的微观考量。从宏观层面来看，培养时代新人就是要培养一批符合时代发展需要、能够肩负起民族复兴重任的"建设者"和"接班人"；而从微观层面来说，培养时代新人就是要培养德智体美劳全面发展的优秀人才。培育时代新人必须坚持宏观与微观的统一，既要从宏观上做好顶层设计，也要从微观上做好具体落实，确保时代新人的培育工作落在实处、取得实效。

培育时代新人要具备大格局。人们常说格局决定结局，格局越大则结局越好，要想成就一番事业，必须有大格局。培育时代新人是一番任重道远的伟大事业，只有格局够大，事业才能够顺。时代新人并非一人之力就能造就，也不能毕其功于一役，期盼一朝一夕就能完成，我们必须构建并夯实全员、全过程、全方位的时代新人培育大格局，保障时代新人培育效果。全员育人是指育人主体不再仅仅局限于授课教师，任何一个人只要有闪光点，只要能为时代新人培育做出贡献，均可参与到育人过程中来。全过程育人就是指育人过程不仅仅局限在课堂教学，要贯穿于青年学子的整个求学生涯，做到课上课下贯通，各个成长阶段相衔接。全方位育人就是指教育内容不仅仅局限于科学文化知识，而是要兼顾德智体美劳等方方面面，确保时代新人的能力素质均衡发展。"三全育人"大格局突出了一个"全"字，这就是期待为时代新人的培育清除一些"死角"、补足一些"短板"、增加一些"养分"。

培育时代新人要拓宽大视野。我们都知道"坐井观天"的故事，一个人如果视野狭隘、目光短浅，个人的认知也会极大地受限，只会导致个人发展受阻、事业步履维艰。比如登高望远，我们站在山脚下的时候只能看到孤峰耸立，而当我们登临绝顶，就能看得见壮丽山河。由此可见，视野决定我们的境界。培育时代新人不能有丝毫犹豫，必须立场坚定，视野宽广，简而言之，就是要面向现代化、面向世界、面向未来。面向现代化是指我们要把培育时代新人与建成社会主义现代化强国的使命结合起来，在中国式现代化的这个时空场域中书写新时代人才培育新篇章。面向世界是指我们注重时代新人综合素质和个人竞争力的提升，推动他们以更加自信、开放、从容的姿态融入世界，展现中国青年的青春担当。面向未来是指我们要与时俱进，紧跟时代发展步伐，为党和国家未来事业的发展做好人才储备。

培育时代新人要体察小变化。一只亚马孙河流域的蝴蝶轻轻扇动几下翅膀，远方的美国得克萨斯州就可能出现一场破坏力极强的飓风。"蝴蝶效应"的故事充分说明了一个细微的变化也可能带来巨大的改变这个道理，启示我们不能忽视过程中的任何一点改变，因为变化可能带来变革。对于时代新人培育而言，教育对象情感上、思想上、心理上的细微波动都可能带来负面影响，如果不能及时察觉，育人的效果就会打上一个大大的问号，无法准确地预估。因此，在时代新人的培育过程中要大大提高自身辨别力和敏锐度，及时察觉育人过程中的细微变化，科学研判其给育人效果带来的影响程度，及时介入达到防患于未然的良好效果。

培育时代新人要抓住小细节。少了一颗小小的螺丝钉，一艘巨轮也可能散架；出现一条细微的裂缝，一幢高楼大厦也有可能会倒塌。所以，我们常说

"细节决定成败"，只有注重细节，才能让自己的事业稳中求进、无懈可击。时代新人的培育关系到个人的成长成才，也关系到国家未来的发展潜力，培育的每一个环节都不能出错，要把握住每一个育人细节，绝不能有不修边幅、随便敷衍的态度。只有育人严谨，培育出来的人才才能优秀，教育对象中一旦出现一个"残次品"，带来的后果都是无法想象的。

（四）培育时代新人要坚持现在与未来相统一

谈及现在，近在眼前，而说起未来，似乎远在天边，二者看起来隔着十万八千里，但实则关注当下与放眼未来从来都不矛盾，关注当下与放眼未来需要齐头并进、双管齐下，彰显富有远见的战略目光和高屋建瓴的战略安排。培育时代新人是一份使命感、时代感以及实效性很强的事业，既要求我们要脚踏实地，一步一个脚印地做好每一项育人工作；又需要我们仰望星空，立足于中华民族伟大复兴的光明前景以及全面建成社会主义现代化强国的宏伟蓝图，有预见性地开展人才培育。因此，培育时代新人必须把现在和未来统一起来，既要服务当下现实需要，也要精准研判未来发展趋势，让时代新人的人文精神和科学精神一代一代地传承下去，达到聚焦现在、引领未来的理想效果。

一方面，要聚焦时代需求，高质量地做好培育时代新人的各项工作。我们应认清时代发展大势。习近平总书记强调："认识世界发展大势，跟上时代潮流，是一个极为重要并且常做常新的课题。"① 当前国际形势波谲云诡，百年未有之大变局继续向纵深推进，世界也进入了新的动荡变革期，不确定性因素显著增多，各种风险考验也浮出水面，机遇与挑战并存。为了顺应这种时代发展的趋势，我们要在进行战略判断后，依据时代发展规律来培育时代新人，抓住发展的机遇，使之成为百年未有之大变局的"破局者"，让他们在惊涛骇浪中牢牢掌舵，保障国家发展的巨轮平稳航行。我们还要聚焦事业发展的重点难点，

---

① 习近平：《习近平谈治国理政（第二卷）》，外文出版社，2017，第442页。

清除各种"拦路虎""绊脚石"。尽管当前我们在各个方面都取得了卓越的成就，但仍然存在一些"瓶颈"问题亟待突破，还有一些"卡脖子"的难题亟待解决。问题就是激励我们前进的号角，难题就是我们奋斗的目标，我们应该从提高时代新人的使命感和责任感出发，鼓励他们不怕困难、敢于挑战，在事业发展的重点难点领域加紧学习，将主动权牢牢抓在我们自己的手中。

另一方面，我们要科学研判未来发展的趋势，开展有预见性的时代新人培育工作，确保我们始终符合时代精神，紧扣时代主题，实现可持续发展。放眼未来，对教育者而言提出了更高的要求，这就要求我们要做好系统规划，充分彰显时代新人培育的战略性，聚焦未来需求侧，做好人才供给侧的各项工作，大力培养稀缺型、急需型、战略型人才，为抢占发展先机奠定良好的根基。对于时代新人而言，要更好地走好未来发展的道路，争取为祖国和社会做出更大的贡献，一是要保持自信心态，这种自信不仅仅体现为对个人能力素质的充分自信，也表现为对祖国未来发展成就的自信，坚信未来的中国一定会以繁荣昌盛的复兴姿态屹立于世界民族之林。二是要具有深厚忧患意识，"生于忧患，死于安乐"。一个合格的时代新人绝不能躺在前人的功劳簿上耽于享乐，一定要保持清醒的政治头脑和敏锐的政治嗅觉，及时发现潜在的危险和挑战，将阻碍发展进步的苗头扼杀在摇篮之中。三是要发扬拼搏精神，未来的路上充满不确定性，可能是一路繁花似锦，也有可能是遍地荆棘丛生，长路漫漫，唯有奋斗，无惧风吹日晒，无畏崎岖坎坷，要始终胜似闲庭信步，以处变不惊的姿态勇往直前。

（五）培育时代新人要坚持守正与创新相统一

守正是指坚守正道，强调要传承和弘扬优良传统，创新是指要在扬弃的基础上推陈出新。坚持守正与创新相结合，既是我们中华优秀传统文化中追求的守正不阿、革故鼎新等优良传统的体现，也是我们党与时俱进、求真务实等优良品格的彰显。培育时代新人要正确处理守正与创新的关系，在守正中保持方向，在创新中扬帆远航。

守正应该包括两重含义。一是要传承以往新人培育过程中的先进经验及优良传统。回顾以往的新人培育史，在丰富的育人实践中我们积累了众多经验，主要包括"始终坚持党管青年的原则，以'推动发展'为主线，以青年成长成才为本，以'德才兼备、信念坚定'为基本要求，以共青团为主要工作载体"等①，即便发展到今天，这些理念和经验仍未过时，依然需要加以坚持并灵活运用到时代新人培育的过程中。二是强调要吸取以往的失败教训，避免陷入同样的误区。

我们高度强调创新的重要性，就是要破除教育过程中阻碍时代新人培育的屏障，清除阻碍时代新人发展的瘴气。在时代新人培育的过程中追求创新，一是要适时更新教育观念，紧密关注当今时代青年学子的个体差异和个性化需求，密切关注新兴产业、新兴技术的最新发展态势，扎实推进教育改革，让时代新人的培育时时如沐春风。二是要创新教育方法，传统的理论灌输法固然重要，但一味的理论灌输既缺乏针对性，也欠缺亲和力，教育者必须加强自我修炼，将各种教育方法融会贯通，让时代新人培育更加精彩纷呈。三是要主动求新求变，在时代新人的培育过程中，要充分调动教育者的积极性，积极推动他们挖掘创新点，鼓励他们学习他国或他人的优秀做法，不断改进自己的教育方式，使时代新人的培育方法更加扎实有效。

---

① 宋德孝、崔宏业:《党的青年人才培养工作的历史回顾、基本经验及当代启示》,《中国青年研究》2023 年第 8 期, 第 43－50 页。

第四章　强国视域下时代新人培育的创新路径

为了更好地服务于强国建设，时代新人的培育应该落到实处，要注重通过强化理论武装打好基础，通过思政课程建设掌握好立德树人主渠道，通过以文化人引导时代新人承担新的文化使命，通过社会实践强化时代新人使命担当，通过技能提升促进时代新人成为行业领军人物，通过学习先锋模范汲取拼搏奋进的磅礴动能。

第一节　强化理论武装，筑牢理想信念之基

组织青年群体开展理论学习，强化理论武装既是我们党百余年青年工作中积累的宝贵经验，也是新的历史条件下培育时代新人的必然要求，必须始终如一地坚持，坚定不移地推进。放眼当下，强化理论武装也是培育时代新人的现实需要。一方面，加强理论学习是增强时代新人综合素质的需要，时代新人应该是全方位发展的进步分子，任何环节都不能脱节，既要重视能力提升，更要重视理论学习，只有强化理论武装，才能补足理想信念之"钙"，激发奋进拼搏之"力"，掌握披荆斩棘之"剑"；另一方面，强化理论学习是牢牢把握意识形态领导权的需要，"建设具有强大凝聚力和引领力的社会主义意识形态"[1]，以中国智慧回应意识形态工作中的种种挑战，确保广大时代新人不至于走上歪

---

[1] 习近平：《决胜全面建成小康社会 夺取新时代中国特色社会主义伟大胜利——在中国共产党第十九次全国代表大会上的报告》，人民出版社，2017。

路、邪路。强化理论武装并非空口白话，而是需要落到实处，坚持天天见、天天新、天天深，在刻苦学习的基础上增强理论素养，在深入学习的道路上提高思想认识，在转变观念的过程中提升理论水平。

（一）天天见：在刻苦学习的基础上增强理论素养

因为理论创新的脚步没有"完成式"，所以我们进行理论学习的步伐也只有"进行时"。学贵在"真"，只有真学、真懂、真信、真用，才能实现内化于心与外化于行相统一，才能实现真进步、取得真提高、求得真发展；同时，学贵有恒，只有坚持不懈地学习，以求知若渴、永不满足的态度对待学习，永不停止刻苦学习、追求进步的脚步，时代新人才能以积极向上、朝气蓬勃的精神面貌勇立时代潮头、引领时代发展、实现巨大飞跃、取得卓越成功。基于此，广大时代新人要把理论学习作为极为重要的"必修课"，严肃对待、认真践行，不断提高自己的理论修养，提升自己的理论水平。

一要立足书本努力学。一方面，要深刻学习马克思主义经典原著。在马克思主义正式形成的170余年里，以马克思、恩格斯为代表的共产主义者不断捍卫真理，其经典著作凝聚着思想的光辉，占据了真理与道义的制高点，其中包含的立场、观点、方法，在今天仍闪烁着光辉，是我们学习的不竭源泉。社会主义发展到今天，所面临的时代背景和社会条件都与之前不同，但马克思主义凭借其与时俱进的品格，始终没有丢掉其科学性、真理性、革命性。"书中自有颜如玉，书中自有黄金屋"。广大时代新人要想承担起时代赋予的重任，就必须牢牢掌握马克思主义这个看家本领，坚持以"活到老、学到老"的学习态度认真阅读原著、努力学习原文、深刻体悟原理，使自身具备学以致用的能力，能够运用理论知识解决现实问题。另一方面，广大时代新人也要深入学习新思想，争做新时代好青年。习近平新时代中国特色社会主义思想凝结着中国共产党人的集体智慧，是中国化的马克思主义发展史上的又一座里程碑。我们要深入阅读有关新思想的各类著作、读本，强化对新思想的理论认识，使自己能在思想上、行动上始终同党中央保持一致，能够在新思想的感召下坚定理想信念、化解风险挑战、成就一番事业。

二要结合时事及时学。在部分青年群体中，流行着这样一种趋势，他们热衷于娱乐八卦，深受"追星"文化影响，对于明星、艺人群体的私事、小事过于关心，而对于国家大事的关注度则有待提高。"风声雨声读书声声声入耳，家事国事天下事事事关心"，这理应成为时代新人在学习时期的真实写照，既要厚积薄发，刻苦努力学习，也要胸怀天下，关心国家大事。国家大事、时事政治中也蕴含着丰富的理论元素，是最鲜活、最生动的学习素材，值得广大时代新人紧密关注、认真学习、深刻领悟。只有这样才能增强学习的时效性、时代性以及实践性，紧跟时代步伐，不至于掉队。为此，我们要大力提倡广大时代新人关注时事政治，在了解国家大事的过程中，接受理论滋养，提高理论水平。一是要提倡时代新人浏览新闻节目，特别是《新闻联播》等栏目，及时掌握国内外一手资讯，了解最新动态以及前沿信息；二是要鼓励时代新人阅读重要报纸、期刊，如《人民日报》《光明日报》《经济日报》《求是》等，借助报纸、期刊了解国家大事，要特别关注其理论板块的内容，在专家解读的基础上不断深化对新思想、新观点、新论断的理论认识。

（二）天天新：在活学求新的道路上提高思想认识

理论学习切忌读死书、死读书，采取封闭僵化的学习方式，只会浅显地了解字面含义，不能真正了解其中内涵的真正意蕴。因此，我们始终强调理论学习要活学求新。一个"活"字强调学习的方法要更为灵活，要通过综合运用各类有益的学习方法、手段，使自己的理论水平得到最大限度的提升；一个"新"字强调我们学习的见地要新、认识要新，不唯上、不唯书，只唯实，不能亦步亦趋、人云亦云，而是要在独立思考、自主学习的过程中不断提升自己的思想境界。

一要采取新方式，多种渠道综合学。学习的方式多种多样，特别是在信息技术高速发展的今天，学习的手段已经层出不穷。对于理论学习，我们首先还是应踏踏实实地从书本上学，刻苦学习理论知识，全面掌握思想体系。同时，我们也不仅仅是困于学堂、囿于书本，而应综合采取各种学习方式，使得学习效果最大化。一是要借助各类理论资源数据库中丰富的学习资源开展学习，如中国共产党思想理论资源数据库、中共中央党史和文献研究院成果总库、习近平系列重要讲话数据库等，通过这些理论资源数据库学原著、学党史、学讲话、学重要思想等，提升自己的理论学习厚度。二是可以通过各类电视理论节目、政论节目来开展学习，如《平"语"近人——习近平总书记用典》《思想的田野》《社会主义有点"潮"》等，在观看电视节目的同时聆听专家讲解，在进行自主学习的同时强化理论认识，不断提升自己的理论学习深度。三是要积极参与青年大学习活动，青年大学习是共青团中央组织引导广大青年深入学习宣传贯彻新思想而组织的学习活动，主要采取理论宣讲＋学习竞赛的方式加深青年对科学理论的理解，广大青年要积极主动地参与进来，将其作为提高理论修养的重要方式认真对待，避免采取敷衍了事的消极态度。四是要运用好"学习强国"这一学习平台。"学习强国"平台板块齐全、内容丰富、涉猎广泛，让我们开展学习的方式更为多样、更为个性、更为智能、更为便捷，"学习强国"在手犹如掌握了一套理论学习的百科全书，广大青年要充分运用好"学习强国"这一平台，依托平台海量、免费的图文和音视频学习资源开展学习，增强学习的丰富度。

二要收获新见地，带着问题深入学。问题是理论的起点，理论是解决问题的利器，没有一种理论是平白无故产生的，都是在对于各种问题的认识、思考中形成的系统认识，离开了现实问题，所谓的"理论"就犹如无根之水、无本之木，失去了发展成熟的必要条件。从一定程度而言，问题是理论形成的土壤，催生了理论萌芽，并不断发展成熟，而理论的诞生又是旨在为现实中存在的问题提出解决措施和优化方案。《论语》有云："学而不思则罔，思而不学则殆"，理论学习与思考问题是密不可分的，学习与思考但凡缺少了任何一个环节，就达不到理想的效果，使人茫然而无所收获。因此，我们必须突出问题导向，强化问题意识。首先，在开展理论学习之前，我们坚持目标导向与问题导向统一的原则，列出问题清单，明确自己通过理论学习可以解决哪些问题，让自己带着问题快速进入学习状态，避免做过多无用功；其次，在进行理论学习时，我们要发扬追根究底的精神，多提问、设问，时常问自己"为什么是这样？""为什么会这样？""接下来会怎样？"在不断提出问题、思考问题、解决问题的过程中，深化理论学习的程度，确保自身对理论知识有全方位、深层次的掌握；再次，如果在理论学习的过程中遇到一时难以理解的问题，不要带有畏难情绪，要通过向书本求真、向他人请教等方式来消除疑问；最后，在理论学习之后，要善于反思总结，对照学习前的问题清单评估自己的学习效果，全面分析自己在理论学习过程中的收获，系统评判自己在理论学习过程中的短板，为接下来的理论学习积累经验。

（三）天天深：在转变观念的过程中提升理论水平

在以往的学习过程中，青年群体或多或少存在一些有待改进的思想观念，在学习的过程中呈现出碎片化、滞后性、只唯书等特点，这些对于青年理论学习的效果带来了一定的消极影响，一定程度上影响了青年群体理论素养提升的效能。只有不断转变观念，扭转学习过程中的"不正之风"，才能确保广大青年头脑清醒、认识深刻。

第一，要推动广大青年从碎片化学习转向体系化学习。所谓"碎片化学习"，一方面可以理解为学习内容上的零碎性，是指妄想通过只字片语就能了解思想全貌的一种学习方式，部分青年群体疲于阅读全文，有时采取关键字搜索来攫取部分语句、段落进行学习，自以为掌握了核心要义，实际上只是管中窥豹、略见一斑，这样的学习具有极大的片面性。另一方面，"碎片化学习"也可以理解为学习时间上的琐碎性，部分青年的学习时间安排十分随意，心血来潮时就学习一段时间，这就造成前段学习与后段学习的联系不强，极易造成学习内容的重复、学习时间的浪费与学习效率的下降。理论学习不能只见树木、不见森林，也不能由着自己随意乱来。一要注重开展专题学习，学习一个新的思想理论知识时，我们不仅要注重学习理论本身，同时也要广泛收集各种学习资料，将新的理论知识点放在整个科学体系中来认识和把握，充分了解它的前因后果，追溯它的前世今生，让我们从宏观上能够把握思想理论的全貌；二要注重开展比较学习，我们强调要学贯古今中外，这就要求我们在开展理论学习时既要开展纵向比较，充分了解新理念、新思想、新战略。实现理念、思想、战略的升华与超越；同时，我们也要开展横向比较，在与西方理论体系对比的基础上不断坚定理论自信，认同中国智慧。三要注重开展集中学习，要结合自身具体条件，给自己的学习设定一个科学的目标，合理分解学习内容，将学习时间固定下来，明确特定的学习时间内必须达到一个具体的学习目标。

第二，要推动广大青年从滞后性学习转向跟进式学习。部分青年在理论学习方面之所以会出现滞后性，一是因为部分青年理论学习的敏锐性不强，在新思想、新观点、新战略刚一出现时，不能精准识别把握，因而找不准学习的重点，陷入盲目学习的迷雾；二是因为部分青年理论学习的积极性不高，对于理论学习，特别是创新理论的学习，如果不能抱有高度热情，就容易出现懈怠、懒惰的情绪，滋生理论学习的"拖延症"，即便是开始进行学习，往往也是敷衍了事，达不到良好效果。我们要解决理论学习方面滞后性的问题，一要端正学习态度，充分认识到学如逆水行舟，不进则退，要抽掉"懒筋"，绷紧学习之弦。我们要善于获取一手资料，每当重大会议召开时、重要活动举办时，要及时收集会议公报、会议文件、重要讲话等重要资料，立即进行深入学习，第一时间把握其中蕴含的新思想、新观点、新战略，学思践悟同步进行，在学习跟进的基础上不断推动认识跟进，在理论思考的过程中不断实现行动跟进。

第三，要推动广大青年由从书本上学习转向在实践中学习。相当大一部分青年群体还处于象牙塔中，涉世未深，学校课堂是他们接受理论学习的主要场域，从书本上学是他们主要的学习方式。而强调要实现从书本上学习向在实践中学习迈进，目的就是要转变青年学生坐而论道的现状，推动青年学生在理论学习的过程中不断强化问题意识和现实关切。为此，我们要推动第一课堂与第二课堂相衔接，将学习的场域由书斋学堂搬到田间地头、工矿企业，既要关照重大理论需求，也要兼顾重大现实需求；在实践中，我们也要注重总结升华，通过科学的理论指导实践，在周密的实践中检验真理，依托实践所收集的数据、信息，产出新的理论成果，使得自己的理论水平、专业素养、思想见解在实践中都能有所提升。

第二节　建设思政课程，突出立德树人之重

思想政治理论课（以下简称"思政课"）是落实立德树人根本任务的关键课程。树的什么人？毫无疑问就是能够担当民族复兴重任的时代新人。新时代思政课建设要勇于承担育人重任，把铸魂育人放在首位，为党和国家输送一批靠得住的时代新人。因此，在思政课建设的过程中，我们应该以充分了解时代新人为出发点，把握具体情况进行因材施教；我们应该以感染时代新人为着力点，通过课程内容建设来不断增强青年学生学习思政课的兴趣，确保思政课的效果最优化；我们应该以赢得时代新人为落脚点，在充分感召的过程中，不断推动时代新人思想认识的提升。

（一）了解新人：拓宽沟通渠道，充分把握实际情况

俄国教育家乌申斯基曾指出："一个教育者应当力求了解人，了解他实际上是什么样，他的一切弱点和优点，他的一切日常琐细的需要以及他的一切崇高精神上的要求。"[1] 思政课教师在教育教学过程中要坚持以学生为本，通过拓宽沟通渠道来打开学生的心扉，拉近与学生的距离，有针对性地开展思政课教学。

---

[1]　［俄］康·德·乌申斯基：《人是教育的对象：教育人类学初探（上）》，郑文樾译，人民教育出版社，2007，第27页。

开辟线上线下思政课教师信箱。由于受时间空间、青年学生性格特点等主客观因素的影响，思政课教师与学生之间面对面交流的机会较为难得。思政课教师应打破各类限制，采取线上线下相结合的方式增强与学生的沟通交流。一方面，依托马克思主义学院设立线下思政课教师信箱收集学生来信，思政课教师应及时回复学生关切；另一方面，依托 QQ、微信、邮箱等社交软件建立线上思政课教师信箱，线上信箱有助于思政课教师第一时间了解学生的所思所想，具有时效性；此外，在课程网站设置学生留言板块，了解学生对思政课教学的意见及建议，促使思政课教学贴近学生、服务学生。

开创思政课教师担任班导师制度。思政课教师要充分发挥引领指导作用，不仅要做学生的学业导师，同时也要成为学生的人生导师。思政课教师一要热心成为学生的"倾听者"，倾听学生的情感表达，从中把握学生的思想动态；二要努力成为学生的"知心人"，设身处地从学生角度思考问题，感同身受地与学生共同分享悲欢喜乐；三要力求成为学生的"领路人"，对学生给予有针对性的指导，帮助学生满足思想上的需求、解决思想上的困惑、纠正思想上的偏差。

重视助教作用的发挥。教育部自 2018 年开始实施"高校思想政治理论课教师队伍后备人才培养专项支持计划"，其中突出了担任助教的要求。助教群体与本科学生年龄相仿、经历相似，二者之间沟通交流更为便利、深入。思政课教师可根据自身课堂教学的实际情况，选聘理论功底扎实、为人公道正派的研究生担任课程助教，培养助教发挥解决一般性问题、收集疑难问题的功能和作用。

（二）感染新人：坚持内容为王，精心准备教学内容

"理论只要说服人，就能掌握群众；而理论只要彻底，就能说服人。"① 思政课亲和力要以理论教育的彻底性为前提。马克思主义理论来源于人民群众的现实生活，发展于人民群众的具体实践，本身具有极强的感召力和亲和力。促

---

① 马克思、恩格斯：《马克思恩格斯选集（第一卷）》，人民出版社，2012，第 10 页。

使学生对思政课理论内容产生共鸣，教师群体深耕理论知识至关重要。

以集体备课为抓手，研讨理论内容。集体备课是通过教师之间的通力合作，以明确教学目标、提升教学能力、提升教学质量的方式。在集体备课过程中，应重视教材内容的把握，明确理论讲授的重点，破解理论内容的难点；重视教学方法的优选，根据教学内容的不同，综合运用各类教学方法；重视经典原著的融入，要将马克思主义经典著作内容广泛运用于思政课教学过程中，引导学生读原著、品经典，潜移默化地增进学生的理论自信。

以课堂观摩为辅助，学习讲授方法。思政课教师要具备充分的教学知识，将教材体系向教学体系转化，将知识体系向价值体系转化。为此，思政课教师要通过实地走访、网络观摩等方式深入思政课"金课"的课堂，切身实地地感受优质思政课课堂氛围，不断优化自身教学方式；积极拜教学经验丰富的名师为师，学习先进的教学方法，打磨自己的课堂特色；关注教育学方面的前沿知识，在把握教育教学规律的过程中，优化课堂效果，赢得学生欢迎。

以教师研修为助力，优化理论教学。2018 年 5 月，教育部公布了全国高校思想政治理论课教师研修基地名单，旨在形成集理论研修、教学研修、实践研修并重的全方位、立体化教师研修基地建设体系。各高校应加大对思政课教师参与研修的支持力度，鼓励教师通过理论研修深化理论认识，以高水平的理论素养支撑高质量的思政课教学；依托教学研修推动思政课教师提升教学能力；借助实践研修提升思政课教师理论联系实际的能力，不断增强思政课教学的时代感和说服力。

（三）赢得新人：建设高效课堂，坚持创新教学方法

思政课课堂是引发师生共鸣的主阵地，把握住课堂教学这一主要环节，就掌握了主动权。当代青年视野更宽，知识面更广，当前课堂资源也极为丰富。思政课教师应向改革创新要活力，基于当代青年的特点，广泛运用各类教学资源，全方位地引发学生对思政课的喜爱，实现思政课教学由"曲高和寡"向

"润物无声"的转变。

创新语言表达，突出语言之"美"。习近平总书记指出："思想要有境界，语言也要有魅力，从教师的话语中，学生能够感受到教师的人格和学识。"① 思政课教师的教学语言既要有深度，也要有美感，同时也要兼具通俗易懂的特质。在具体的教学过程中思政课教师一要对经典著作的原文信手拈来，让学生直接与思想家对话，感受真理的魅力；二要将中华优秀传统文化中的名言警句、诗词美文融会贯通，让学生在具体典故中感受中华文化的精髓，同时也加深对理论知识的认识；三要将青年群体中的流行语言、网络语言巧妙融合，让思政课堂呈现青春活力，真正"潮"起来、"活"起来。

占领新兴阵地，突出视野之"新"。当前，互联网已经成为青年学生学习生活中不可缺少的一部分。2021 年 5 月，12 个类型、200 个公众号入选"首批高校思政类公众号重点建设名单"②，这些重点建设的公众号通过开创特色栏目、打造思政品牌，推动高校思想政治工作取得更大实效。要引发学生共鸣，就要注重融入学生，形成"互联网＋思政课"的模式，让现代技术为提升思政课亲和力赋能。一方面，应鼓励思政课教师进驻抖音、B 站等社交平台，打造"思政网红"，增进与青年学生的互动，潜移默化地深化学生认识；另一方面，借助微信公众号、今日头条号等自媒体平台打造思政课品牌，分享理论资源，让学生从更多的资源中汲取营养；此外，鼓励教师通过慕课平台录制微课，拓宽思政课课堂辐射面，让学生群体可以随时学、反复学，从而加深对理论知识的理解。

举办特色活动，突出方式之"活"。思政课面向的是不同专业的学生，不同专业的学生在理论基础、思维方式等方面存在着一定的差异，思政课教师应

---

① 习近平：《思政课是落实立德树人根本任务的关键课程》，《求是》2020 年第 17 期，第 4－16 页。

② 王鹏：《为党育人为国育才——以习近平同志为核心的党中央关心学校思想政治工作纪实》，《人民日报》2021 年 12 月 2 日第 1 版。

坚持因材施教的原则，依据专业特点，打造课堂特色。对于理论基础相对薄弱的理工科学生，要注重夯实基础，通过开展文艺作品品鉴、开展"移动"思政课堂等形式，将诸如《建国大业》《觉醒年代》《社会主义有点"潮"》等优秀电影、电视剧及电视节目等引入课堂教学，依托地方红色资源实地开展思政课教学，让学生以较为轻松自然的方式接受理论的灌输；对于有一定基础的文史类学生而言，应注重思辨能力的提升，通过开展课堂辩论、随堂演讲等形式，激发学生的主动性和创造性，引导学生加深对理论问题的思考。

第三节　坚持以文化人，激荡拼搏力量之源

优秀的文化犹如一场春雨，润物细无声，能够达到丰富精神世界、增强精神力量的作用。文化在时代新人培育过程中具有无可比拟的作用，一方面，我们要发挥我国历史文化资源的独特优势，为时代新人培育注入活力；另一方面，也要教育广大时代新人充分发挥青春力量，更好地担负起新的文化使命，为推进社会主义文化强国建设做出积极贡献。

（一）传承弘扬中华优秀传统文化

中华文化源远流长，传承至今绵延不绝，其承载了磅礴的历史厚度，展现出了蓬勃的生机与活力，向世人传递了来自东方的独特文化魅力。在21世纪的今天，中华优秀传统文化既是一张靓丽的名片，也为我们奋勇向前提供了不竭动力，我们可以十分自豪地向世界宣告："中华优秀传统文化是中华民族的突出优势，是我们在世界文化激荡中站稳脚跟的根基"[①]。教育引导广大时代新人传承发扬中华优秀传统文化，就是要传承熔铸于其中的民族基因，弘扬中华儿女千百年积淀下来的传统美德，不断增强对民族文化的归属感、认同感以及自豪

---

① 《中共中央关于党的百年奋斗重大成就和历史经验的决议》，《人民日报》2021年11月17日第1版。

感。我们不仅要做中华优秀传统文化的学习者，更应该承担起文化使命，让中华优秀传统文化在新的历史条件下焕发出无限光彩。

第一，要教育引导广大时代新人树立辩证思维。时代新人应该有一颗善于理性思考的头脑，说话做事想问题都要在深思熟虑的前提下辩证地进行。青年群体看待中华传统文化存在不同倾向，第一种是过于拔高中华传统文化，强调要原封不动地将各种传统文化形式传承保存下来；另一种则是过于贬低中华传统文化，认为传统文化已经过时，为时代所抛弃，不必投入过多的心血加以传承发扬。诚然，这两种倾向都是失之偏颇的，我们强调在传承中华优秀传统文化时要树立辩证思维，就是要实事求是地评判传统文化的时代价值。不可否认，中华传统文化中还有一些落后的内容，但其中很多闪光点在今天仍然发挥着其独特的价值。因此，我们在传承中华优秀传统文化时，要注重取其精华、去其糟粕。我们既要同封闭僵化的守旧主义作斗争，积极推动中华优秀传统文化创造性转化、创新性发展，也要坚决和历史虚无主义、文化虚无主义等错误社会思潮作斗争，讲好中国故事、扩大中国声音。

第二，要构建系统的中华优秀传统文化教育体系。要想让中华优秀传统文化的独特价值在培育时代新人的过程中得到充分展现，就必须让中华优秀传统文化在青年群体中扎根，真正入耳、入脑、入心。为此，必然要循序渐进地推动中华优秀传统文化进校园、进课堂、进教材、进头脑。一要注重在校园环境中增加中华优秀传统文化元素，鼓励开展各类有关优秀传统文化的学习宣传活动，在轻松的环境中达到寓教于乐的效果；二要鼓励教师在教学过程中巧妙融入中华优秀传统文化的内容，引导青年学子深入了解中华优秀传统文化，衷心喜爱中华优秀传统文化、乐于传承中华优秀传统文化；三要推动教材编写和修订不断充实中华优秀传统文化的内容，既要有专门教材，也要有普及读物，在教材编写过程中，注重大中小相衔接，让每一个学子从小就能更多地接触中华优秀传统文化，有梯度地不断加深对中华优秀传统文化的理解程度，在研习经典、了解历史的过程中，深入接受中华优秀传统文化的熏陶。

第三，要创新中华优秀传统文化的传播方式。如果全社会都能十分尊崇并深入学习中华优秀传统文化，就能促进中华优秀传统文化的教化功能最大限度地发挥，为文化强国的建设奠定坚实的根基。而时代新人理应在宣传推介中华优秀传统文化的过程中尽一份力。时代新人要甘当中华优秀传统文化的义务宣传员，深入学校社区，开展广泛宣传，充分展现中华优秀传统文化的博大精深，将其中所蕴含的思想价值充分展现出来，让更多的人了解中华优秀传统文化的魅力。要着力打造中华优秀传统文化的宣传矩阵，借助微信、抖音、B站等人们日常生活中常用的社交媒体，创作并发布有关中华优秀传统文化的宣教内容，打通中华优秀传统文化"飞入寻常百姓家"的"最后一公里"。我们也要积极迎合人们的文化需求，提升中华优秀传统文化的供给力度，对我们青年群体而言，可以从设计文创产品、创作文艺作品等小事做起，为推动中华优秀传统文化丰富群众精神生活贡献绵薄之力。

（二）传承弘扬革命文化

"文化的核心是一种价值观，可看作一定群体所形成的共同的心理程序"①，在不懈奋斗中积淀形成的革命文化，集中彰显了一代又一代中国共产党人强烈的使命担当，承载了心忧天下、敢为人先的情操，艰难困苦、玉汝于成的情志，无私奉献、艰苦奋斗的情怀，每一个时代新人都要自觉主动地了解学习、传承弘扬革命文化，从中汲取营养、增添动力。为此，我们要深入挖掘并加强学习，注重守正并坚持创新，让时代新人在传承弘扬革命文化的过程中不断激发自己的爱国情、强国志、报国行。

一是要重视整体性，实现革命文化教育常态化。第一，坚持传承保护与教学研究相结合。一方面，要加强联动性，依托高校建立革命文化传承保护中心，使得革命文化在时代新人培育的过程中拥有坚实的学理支撑；另一方面，要增

---

① 陈万柏、张耀灿：《思想政治教育学原理（第三版）》，高等教育出版社，2015，第255页。

强科学性，坚持实事求是的根本原则，确保我们在时代新人培育过程中所引用的革命文化资源真伪明晰，将反映真实历史的内容融入育人过程，推动时代新人形成正确历史观。第二，坚持灌输教育与主动学习相结合。一方面，要注重化被动为主动，充分调动青年群体的主观能动性，引入青年群体喜闻乐见的方式，鼓励他们在传承弘扬革命文化的道路上进行自主探索，在自我学习的过程中感受奋斗过程，潜移默化地培育奋斗精神。另一方面，增强朋辈效应，打造良好的革命文化传播环境，通过举办各类特色学习宣传活动，营造互促共进的学习氛围，在学知识、学历史、学事迹的过程中，潜移默化地接受革命文化教育；同时，应注重把握时间节点，充分利用好各个重大纪念日，开展各种纪念仪式，增进广大时代新人对革命文化的价值认同与思想认同。

二是要突出创造性，弘扬革命文化话语表达的创新。话语表达的创新，既是对革命文化的传承与弘扬，也是对其进行创造性转化和创新性发展，让革命文化最大程度地"飞入寻常百姓家"。一方面，我们要注重激发革命文化话语表达的时代感，通过巧妙借用、适当移植革命文化话语，增添革命文化新的内涵，让其在新的时代条件下激荡出新要义，迸发出新活力，焕发出新光辉，充分彰显革命文化，推动青年群体在历史与现实的交相辉映中立大志、明大德、成大材、担大任。另一方面，我们在传承弘扬革命文化的过程中也应注入时代新人所喜闻乐见的话语表达方式，通过将革命文化与群言群语、潮言潮语进行有机结合，让其在熟悉的语境、轻松的环境中接受革命文化教育，推动青年群体在潜移默化的过程中不断增强志气、底气、骨气。

三是要彰显时代性，充分利用当代革命文化资源。对于革命文化的定义，目前学界有狭义与广义之分，狭义的革命文化专门指代我们党在新民主主义革命和社会主义革命时期所积淀的器物、制度与精神。而广义的革命文化将时间跨度进行延展，认为革命文化的形成发展贯穿于中国革命、建设和改革的全过程，重点强调革命文化一直在孕育、产生、发展的过程之中。除了显而易见的革命，我们通常强调改革也是第二次革命，因此，在讨论这个问题时，笔者更倾向于强调革命文化的形成发展仍是进行时。改革开放以来，一代又一代奋斗者始终坚持以爱国主义为核心的民族精神和以改革创新为核心的时代精神，高举旗帜、奋勇争先，创造了诸多奇迹，彰显了中华儿女共患难、能吃苦、有担当、讲奉献的可贵品质。这些宝贵精神财富以及奋斗群像成为新时代革命文化的重要构成要素。各个历史时期的具体任务有所差异，但总体朝向是一致的，就是要实现国家富强、民族振兴、人民幸福。我们传承弘扬革命文化，就要善于挖掘、传播新时代革命文化，通过各种渠道进行广泛宣传，确保新时代革命文化能够打动人、影响人、激励人，推动广大时代新人在新的奋斗征程中汲取前进动力，为强国建设注入一支"强心剂"。

（三）大力发展社会主义先进文化

社会主义先进文化是具有中国特色、彰显中国形象，蕴含雄厚软实力的文化样态，社会主义先进文化凝结了中华优秀传统文化和革命文化的精粹，是中华文化的时代展现，具有强大生命力和磅礴正能量。大力发展社会主义先进文化对于培育时代新人具有重要意义，有利于时代新人养成正确的价值观念，涵养良好的道德情操，实现精神世界的升华。要想让社会主义先进文化的育人作用充分凸显，必须坚持破立结合，既要消除落后文化的负面影响，又要积极发挥先进文化的正向价值。

第一，要加大对文化事业的监管，积极弘扬社会正能量。对于文化事业，绝不能任由其发展，一旦在文化事业监管方面泄力，各式各样的落后文化就会"心怀鬼胎"，企图进入市场，这会对时代新人的培育造成不良影响。要促进文化事业的良性发展，既要有"堵"，同时也要有"疏"。我们要加大监管力度，特别是加大对网络平台的监管力度，在最短的时间内发现、处置企图扩散的落后文化形式，将其封堵在原点、扼杀在摇篮里，让落后文化失去发展壮大的土壤；要注重相关法律法规的制定与完善，明确标准、画定红线，对于生产、传播负面文化、落后文化的行为予以坚决打击，使文化事业从业人员心有敬畏，不至于随心所欲，以强有力的手段营造一个风清气正的文化环境。在加强管理的同时，我们也要大力倡导并呼吁文化事业从业人员积极向时代新人输出正能量，通过把握广大时代新人的文化需求，精准分析时代新人的文化品位和兴趣，创作出优秀的、受欢迎的文学作品、文艺节目等文化产品来感染人、打动人，让时代新人如沐春风，能够充分接受正能量的洗礼，从而始终保持昂扬向上、积极上进的精神状态和风貌。

第二，要提高时代新人的定力，培育和践行社会主义核心价值观。个人定力对于时代新人的发展极为重要，只有拥有强大的定力，才能面对风雨而不动摇，才能面对诱惑而不迷失。当前，各类落后、腐朽的文化和不良的社会思潮企图以青年群体为突破点，通过动摇他们的信念、消解他们的理想、腐蚀他们的道德等方式，来阻碍他们成长成才，截断他们为国奉献的道路，这不仅有碍于青年群体的个人发展，也对强国建设带来了不确定性。因此，只有不断强化个人定力，坚持以社会主义先进文化武装自己，才能确保个人价值得以实现。社会主义核心价值观从国家、社会和个人三个层面凝聚了"最大公约数"，时代新人要积极培育和践行社会主义核心价值观，深入了解其核心要义，内化于心、外化于行。在社会主义核心价值观的影响下，广大时代新人既要练就一双善于发现落后文化的"火眼金睛"，在纷繁复杂的文化环境中保持清醒头脑，能够一针见血地发现不良文化信息的危害；我们也要练成有效抵御外部侵扰的"金钟罩""铁布衫"，自觉抵御不良文化的影响，确保自己的三观不走偏、信念不缺钙；同时，我们也要举起一把消除危害的"金箍棒"，敢于同各种不良文化、社会思潮作斗争，积极将社会主义先进文化学习好、宣传好，牢牢把握发展进步的主动权。

第四节　积极投身实践，拓宽昂首奋进之路

深入开展各类实践，对于时代新人的个人发展而言具有重要意义。通过开

展社会实践，使得青年学子不再囿于一方天地，而是能够最大限度地推动其扩大视野，用眼光扫描大千世界，用脚步丈量祖国大地，在打卡基层的过程中体察国情、社情、民情，不断增强自身使命意识，提升自己为国家富强、民族振兴、人民幸福做贡献的社会责任感。

（一）搭建社会实践调研平台

社会实践调研是融通学校小课堂和社会大课堂的重要载体，开展社会实践已经成为立德树人的一种重要方式。在时代新人培育的过程中应当将社会实践打造成一门必修的"精品课程"，以研究性学习、"三下乡"等形式鼓励青年学子人人参与进来，在实践中不断提升自己、突破自己。开展实践育人，高校应该有所作为，既要从物质方面予以保障，也要从思想方面予以支持。高校要通过基层探访、企业寻访、校友回访等方式，充分整合利用社会资源，加强交流合作，开辟实践基地，让青年学子拥有更多的场合、更多的机会深入开展社会实践。社会实践平台的搭建只是实践育人的先决条件，社会实践不是一场说走就走的旅行，必须充分考虑好、精心设计好各个环节，确保各个环节丝丝入扣，让青年学子能够拥有实实在在的获得感。

首先，要积极指导学生确定好社会实践的主题。社会实践主题的确定决定了实践育人的效果。一个好的社会实践主题一是要难度适中，实践主题如果过于简单，就达不到磨砺锻炼的效果，如果难度过大，实践过程有可能难以推进，不仅会打击自信心，也会丧失成就感；二是要有创新价值，如果选择了一个被前人实践考察过多次的主题来开展调研，极大可能会受到经验主义的影响，如果不能推陈出新，实践考察就丧失了其基本意义；三是要有现实意义，必须通过社会实践了解一些情况、掌握一些数据、分析一些问题、产出一些成果。因此，要注重引导青年学子从"三点"出发来进行实践主题的确立。一是要基于个人兴趣点，只有选择了自己感兴趣的选题，才能确保自己在实践过程中全身心投入，不至于因为枯燥无味导致半途而废；二是要立足学习重难点，社会实践是课堂教学的延伸，我们常说实践是检验真理的唯一标准，如果能将课堂上学习到的理论知识与社会实践相结合，有助于青年学子树立理论联系实际的学风，保障学习基础更为稳固，思想认识更为深刻；三是要结合社会热点，社会热点中一般还有许多有待挖掘的问题，引导青年学子深耕社会热点开展实践，有助于消除其思维钝感力，极大地增强其思想敏锐性。

其次，要积极指导学生在实践中自主思考、发现问题。实践调研不是学习生活之外的身心放松，不能将其简单看作是休养生息式的游山玩水，而是要坚持问题导向，增强青年学子的问题意识，促使他们在实践过程中发现问题、提出问题、思考问题并解决问题，使实践调研的学术价值、社会价值和育人价值达到最大化。青年学子正处于思维活跃期，具有强烈的求知欲，对于各种问题保有新鲜感，但有时候想问题看事情仍然会出现情绪化、简单化的情况。只有在社会实践中积极打好"组合拳"，重视个人主动与他人帮助相结合，才能让青年学子扬长避短，在实践过程中有所提升。我们要强调个人主动，如果自身在实践过程中出现消极懈怠的情绪，则会懒于思考问题、疲于应对问题，出现过于依赖他人的情况。为此，我们要将学生的主导作用贯穿实践调研的全过程，尊重其创造力，鼓励学生依靠自身力量解决各类问题。同时，我们也要突出师生互动，在社会实践的过程中配备专门的指导老师加入学生的调研团队中，适时启发学生思考，以团队作战的形式破解各种难题，推动实践调研取得预期成果。

再次，要积极引导学生在社会实践后进行总结提升。社会实践调研应该是一个包含"前—中—后"各个阶段的完整闭环，周密的实践准备、有序的实践开展以及深入的实践总结同等重要，但实践总结的环节容易被忽视，从而丧失了一个进步提高的契机。因此，在实践活动完成之后，要注重开展详细的总结，确保实践育人实现深度化和长效性。一是要提倡青年学子撰写实践日记，在一天的社会实践完成之后，鼓励学生通过撰写日记的形式，记录实践过程，做好日程总结，及时调整实践过程中的偏差，确保后续实践过程顺利进行；二是要组织青年学子开展实践总结，在整个实践过程完成之后，要召开专门的实践总结会，组织青年学子交流实践心得，明确个人得失，为接下来的学习生活明确目标方向；三要指导青年学子产出实践成果，鼓励青年学子依托实践调研数据进行细致分析，积极撰写咨政报告向有关部门建言献策，撰写学术论文公开发表。

（二）搭建创新理论宣讲平台

在培育时代新人的过程中，我们既要注重理论素养的提升，同时也要注重情怀担当的强化，倡导时代新人积极走上理论宣讲的舞台，深入学校、社区等地宣讲，坚持"用青年视角阐释党的理论，用青年话语宣传党的主张，用青年担当践行党的要求"①。理论宣讲是将时事热点、路线方针政策以及创新理论在基层传播的一种主要形式，也是时代新人开展实践的一种重要方式，开展理论宣讲既有助于时代新人将理论知识的学习往深里走、往心里走、往实里走，同时也有助于青年学子将个人命运与国家发展紧密相连。我们必须清醒地认识到，在向强国建设伟大目标奋进的征程中，也许会出现各种杂音、噪声的干扰，时代新人只有冲锋在前、挺膺担当，以青春微声量汇聚时代最强音、理论最强音，才能正本清源、行稳致远。

一要组建精干宣讲队伍。一支精干的宣讲队伍，决定了理论宣讲的效果，只有选择理想信念坚定、理论认识深刻、真正热爱宣讲事业的青年学子组成宣讲阵容，才能确保宣讲实效得以实现。要认真建设理论宣讲组织，以学生社团或学生自治组织等形式将理论宣讲队伍固定下来，制定相关规章制度，加强理论宣讲队伍的日常管理，确保各项工作有条不紊地开展。要精心选聘理论宣讲成员，通过理论笔试＋综合面试的形式，招募汇聚一批思想情怀深、能力水平高、个人兴趣浓的青年学子充实到理论宣讲的队伍中来，综合考量并充分发挥

---

① 司文超：《用青年话语宣讲好党的创新理论》，《学习时报》2021 年 5 月 14 日第 6 版。

他们在宣讲方面的才能。要注重加强考察评估，要将质性考量与量化评估综合起来，从多维度对宣讲队伍的宣讲效果进行考核。一方面，通过对宣讲成员的宣讲次数、宣讲时长、收听人次等具体数据进行考量，以量化分数的形式确定成员对理论宣讲的贡献；另一方面，要通过对宣讲成员的宣讲风格、熟悉程度、内容深度以及群众满意度等进行客观评价，激励各个成员不断提升自己的宣讲水平。

二要大力提高宣讲能力。"与其临渊羡鱼，不如退而结网"，没有谁的宣讲能力是与生俱来的，都是在后天锻炼的过程中实现的提升，与其站在原点暗自羡慕别人的能力，不如从当下开始行动，从小处开始做起，以期实现个人能力的飞跃。只有宣讲能力提高了，才能助力时代新人讲好中国故事。第一，要注重提高青年学子的个人胆量，理论宣讲毕竟是在多人面前的个人展现，如果在胆量方面有所欠缺，就必然产生紧张、怯场的情绪，会直接影响宣讲的流畅度与感染力。因此，青年群体在日常生活中要敢想敢说，消除"社恐"情绪，大大方方地在人前进行表达。第二，要注重提升青年学子的语言表达能力，作为一个合格的宣讲成员，光敢想敢说是远远不够的，还要能说会道，要注重言简意赅，拒绝八股文章长篇大论，深入浅出地将事实道理讲清楚；要注重言语动人，拒绝做背稿机器，在表达过程中倾注深情厚谊，力求达到以情动人的良好效果。第三，青年群体也要充分锻炼自己的临场应变能力，能够处变不惊，应对各种突发情况而不动声色，不至于因慌乱而导致宣讲秩序的混乱。

三要打磨优质宣讲内容。理论宣讲，内容为王，干货满满，才能赢得受众欢迎。"冰冻三尺，非一日之寒"，要想让理论宣讲成为当之无愧的思想盛宴，必须精心准备，不断优化打磨。第一，每一位宣讲者要将宣讲的内容学深悟透，将理论内容深深镌刻在自己的头脑里，达到脱口而出、倒背如流的熟悉程度，在熟练掌握的基础上还要加深理解，增进对理论内容的认同度，确保自身能够回答好受众针对宣讲内容提出的各种疑问。第二，青年学子在理论宣讲准备过程中要虚心求教，既要向专家学者进行咨询，聆听专家的意见，确保宣讲内容在学理性方面不出错漏；也要向朋辈群体请教，从朋辈群体中不断吸收营养，主动学习他人宣讲时的长处，一起对宣讲内容的丰富度和吸引力有所助益。第三，要积极收集群众意见与建议，从受众的角度掌握宣讲内容的亮点和有待精进之处，不断加以调整，使得个人宣讲状态一次比一次好，宣讲内容一次比一次好，宣讲效果一次比一次好。

（三）搭建青年学生创作平台

青年学子具备精彩的人文气息及创新精神，能够迸发出无限创意，如果搭建起良好的创作实践平台，能够让青年学子的创意落地，由理想变成现实，不仅有助于增强青年学子的个人能力和信心，产出的创意成果也会进一步弘扬社会正能量，对营造良好社会风气大有益处。推动青年学子由受众向创作主体的转变，会给他们带来不一样的体验感，不但能够激发他们的兴趣与创造力，也会提升他们的使命感与责任感，推动广大青年学子在实现精神生活共同富裕的过程中发光发热。当代青年对各种软件技术、社交平台的运用炉火纯青，他们也最能进行丰富多彩的创作实践，我们应秉持开放包容的心态，乐于接受新鲜事物，尊重青年群体的首创精神。要通过开展各类创作竞赛活动，鼓励青年群体参与，呼吁他们结合时代特征与青年特点开展创作；要在线上线下搭建各类展示平台，对青年创作成果进行展览，让群众见证青年群体的创意成果；将学生创作纳入日常考评，激发学生创作的积极性，促使学生更自觉、更主动地参与到创作实践中来。当然，我们强调的青年创作实践应该是积极向上的，旨在摒除负面能量、激发青春活力，让时代新人在最好的年华书写精彩的篇章。

第一，要鼓励时代新人充分展现青春风貌。青年群体应该是朝气蓬勃、昂扬向上的，绝不能有老气横秋、暮气沉沉的压抑气息。因此，青春活力应作为青年学生创作的主线贯穿于全过程，将青春正能量渗透到方方面面。青年群体的创作一要贴合青年实际，反映青年群体的精神面貌，拒绝流于幻想、束之高阁，而是要达到真正启发青年思考、推动青年进步的目的；二要鼓励青年创作者传播正向价值，呼吁他们以创作作为扫除迷障的武器，鼓励他们通过创作来批判消极社会心态，揭露不良社会思潮的危害，让"歪理邪念""非分之想"无所遁形。三要鼓励青年创作者创新形式，在创作手法、展现方式上更多地采用当前青年群体乃至最广大人民群众所喜闻乐见的形式，创作诸如微电影、短视频、动漫作品、音乐作品等脍炙人口的内容，让其具有流通性以及流行性；搭建学生创作作品展示的网络平台，将学生作品进行发布和互动。

第二，要鼓励时代新人扎根乡土进行创作。强调扎根乡土开展创作，其实就是强调青年群体要将家国情怀贯穿于创作实践的始终，借助各类创作实践来展现社会主义现代化强国的风貌。为此，青年群体要在创作实践中突出人民群像，挖掘整理发生在人民群众中的动人事迹，通过艺术表现形式展现出来，通过小人物展现大情怀，以此赞扬讴歌人民群众的聪明才智与使命担当。此外，青年群体的创作实践一定要有历史厚度，要以中华民族上下五千年的光辉历史为素材库，以党带领人民砥砺前行的百余年奋斗史为资源库，在创作中充分展现中华民族的精神脊梁，激荡出实现中华民族伟大复兴的精神力量；要鼓励时代新人在更大的舞台上讲好中国故事，人们常说"世界在我脚下，祖国在我心中"，我们要积极将青年创作成果推出去，在更大的舞台上同世界各国青年进行交流，借助青年群体的创作实践展现盛世中国的青春活力。

第五节　重视技能提升，掌握赢得竞争之器

建成社会主义现代化强国，实现中华民族伟大复兴是培育时代新人的出发点和落脚点，而重视技能提升、提高本领能力则是培育时代新人的着力点。对于时代新人而言，"政治过硬、本领高强"是基本标准，而且缺一不可。政治过硬，能够保证时代新人拥有坚定的理想信念以及坚实的责任担当；而本领高强能够确保时代新人手握出奇制胜的法宝、把持攻坚克难利器，保障时代新人在强国建设的征程中能够干出一番新事业、做出一番新成绩、拼出一番新作为。因此，我们要格外重视时代新人的技能本领提升，确保其能够为强国建设做出

实实在在的贡献。

（一）前置环节：做好个人规划

在青年学子追求发展进步的过程中，也许会有一段迷茫而无所适从的阶段，我们就像一只"无头苍蝇"，找不到前进的方向。一旦青年群体找到了人生目标，就会努力为之奋斗。然而，如果不对实现奋斗目标的方式、步骤做出清晰的规划，则很可能会走上弯路，再度陷入迷茫的"沼泽"。可以说，个人规划是否清晰，决定了我们未来人生的高度，做好个人规划有助于我们清晰地分析个人条件，了解自己的长处与短处，帮助我们切实提高个人竞争力和职业发展力，必须予以重视。近年来，我们对青年的未来规划也越来越重视，各种个人规划、职业规划类的竞赛也层出不穷，以期帮助青年学子明确未来发展方向。做好个人规划需要一个清晰的目标，尽早确立未来职业发展方向。我们必须脚踏实地、实事求是地分析个人条件，牢牢把握发展机遇，赢得时代青睐。青年学子的个人规划必须具备四重特性：

一是长远性，目标方向与个人规划一定要是深思熟虑的结果，是在综合分析个人条件的基础之上，给个人未来答卷做出的一个最优解，目标方向和个人规划一旦确立就必须是要管长远的，如果飘忽不定随意变换，既不利于个人心性的确定，也会让各种优势、机遇悄悄流逝。

二是现实性，个人规划的确立不能脱离实际，要对自己的能力素质与当前社会环境形势有一个清醒的认知，可以给自己的个人规划提升一定的挑战性，但必须兼具可操作性，否则就会打击青年群体的自信心，最终流于"摆烂"与"躺平"。

三是崇高性，既不能陷入成功学的鸡汤无法自拔，也不能落入精致利己主义的泥淖，要尽量摆脱"唯金钱论"的俗套戏码，赋予个人规划更多的社会意义，推动自己在为社会做贡献的过程中实现人生理想、实现个人价值。具体而言，新时代中国青年，就应在谋划个人发展时充分考虑到强国建设和民族复兴的需要，大力提高服务国家社会的责任担当。

四是适应性，个人规划要打好"提前量"，未来具有一定的不确定性，面对随时随地可能出现的变化，我们的目标规划不能墨守成规、一成不变，必须在保证方向性的基础上适应变化，主动求新求变。这也从侧面说明了一份优质的个人规划绝不是要将每时每刻需要做什么都详细规划好，而是要提出方向性和方法性的根本问题，确保我们每走一步都是精准有效的。

（二）基础环节：学好科学知识

曾经，在青年学子中流行过这样一句话——"学好数理化，走遍天下都不怕"，突出强调了只要将科学文化知识学习透彻，就能很好地掌握必备生存技能的道理。国家对于教育事业的发展倾注了巨大的心血，无论是基础设施还是教育质量，较之以往都有极大的提升。时代新人要珍惜青春韶华，把握学习机遇，以求知若渴的态度徜徉书山学海，以勤奋刻苦的决心不断吮吸知识的滋养，在学好科学文化知识的过程中打好基础，掌握服务国家、回报社会、实现个人价值的必备技能。

扎根校园，学好基础知识。学生时期是我们提升技能的最佳时机，校园环境也是我们提升技能的最好场域，我们必须最大限度地把握好、规划好在校学习时光，不断扩充自己的知识储备、开阔自己的学习视野、丰盈自己的精神世界，在有限的时间内激发出无限的潜力。我们必须以认真的态度对待课堂学习，绝不能有所懈怠，遇到重点、难点问题要发扬"钉钉子的精神"，一个一个解决、一个一个突破，确保自己学深悟透，将专业基础打牢打实。高等教育与中小学教育的一个显著的不同就是对自主性、自觉性的要求有了显著提高，因此我们不能因外界诱惑而丧失学习的动力，反而要发扬锲而不舍的精神，积极虚心向老师同学求教，攻克各种学习难题。在大学环境中，课堂教学不是获取知识的唯一渠道，还有丰富的专家讲座、学术会议、科研竞赛等学习机会可供青年学子进行自我提升，我们要通过这些渠道使自己从中受益，达到了解前沿知识、加强学术交流、激发创新精神的目的，立志将自己锻炼成为一名复合型、创新型的经世之才。

积极深造，精修专业知识。当前，青年学子的大学梦已经不再是面临千万人过独木桥的激烈竞争，大学教育的覆盖面较之以往有了很大的提高，拥有一张大学本科文凭在很多情况下已经成为进入职业领域的"敲门砖"。从当前大学教育布局来看，本科阶段的教育更加侧重专业知识的传授，通过教育教学向学生输送已有的学科知识和理论体系，鼓励学生在此基础上开展思考与创新。本科阶段实施的是大专业培养，一个专业的学生接受的知识输送是相同的，在个人努力程度的影响下最终呈现出不同的学习效果。可以说本科教育面广，更多注重的是打好基础。而研究生教育是我国高等教育的最高层次，也是拔尖创新人才的主要渠道，旨在培养学生知识创造和学术创新的能力，一般采取小方向的培养方式，极为注重因材施教。研究生阶段的学习内容与本科阶段相比，在理论深度、操作难度、创新程度以及知识前沿性方面都有了较大提升。我们鼓励青年学子进行深造，并非要鼓吹"唯学历论"，加大学生的学习压力和焦虑心态，而是要鼓励青年学子在某一方向深入钻研，特别是在一些高精尖产业、"卡脖子"领域要进行难题破解与成果产出，实现产学研的有机融合，大力提高我国科技竞争力，为强国建设消除壁垒、踏平坎坷、平定风浪，将发展的主动权牢牢掌握在自己手中。

（三）关键环节：加强实践训练

此处我们所论及的实践，与前文所述实践调研、理论宣讲以及创作实践有着根本区别。前文所述之"实践"更多的是侧重社会责任感的提高，旨在通过实践进行观察、反思、服务与创新，为提升时代新人的服务意识、奉献意识做出贡献。而此处我们所论述的实践，更多的是强调要锻炼动手能力，将学习到的理论知识在实际工作中进行操作，达到熟能生巧的良好效果。为了使实践训练最优化、技能提升最大化，我们在时代新人培育过程中，要重视将校内校外统筹起来，着重建设"两个基地"，让育人工作摆脱曲高和寡的困境，让时代新人更接地气。

一是要着重建设校内实训基地。校内实训基地进行的是进入社会前的预演与排练，旨在让青年学子实践在课堂上学到的理论知识，不断提高自己的实际操作能力，使青年学子在进入职场之前，掌握基础的技能，以适应社会发展的需要。校内实训基地的建设要兼顾普遍性与特殊性。从普遍性方面来看，就是要提升每个人所具备的能力素质，如提升应用各类工作软件的技能，熟悉各种工具或事项的操作流程，了解基本的职场礼仪等；从特殊性方面来说，就是要依照青年学子的专业方向，建设具有专业特色的实训课程，使青年学子在进入专业对口的职场之前能够具备一定的竞争力。高校应格外重视校内实训基地的建设，配备专门的资金，支持各专业聚焦行业特色、聚焦学生特征、聚焦时代特点来开拓实训基地。要将接受实训纳入学生培养的重要环节，设置具体学分、设计多元化的考核方式，让学生在思想上和行动上都予以重视。

二是要积极开辟校外实习基地。实习既是学生培养的重要环节和青年学子的必修课程，也是企业考量入职者能力素质的重要阶段，要求青年学生进行实习旨在检验学习成果、考验能力发挥。因此，高校要格外重视学生实习工作，充分利用地方资源、校友资源等，加强与社会企业的交流沟通与合作，为学生搭建良好的实习基地。我们加强校外实习基地的建设，既有助于青年学子技能的提升，也能够通过加强与校外企业沟通合作的方式，达到拓宽就业渠道、增加就业机会的良好效果；如若青年学子选择了在实习单位就业，也将大大节省时间成本，有助于他们更加踏实地实现个人价值、创造社会效益。实习基地的建设一定要考虑诸多因素，一是正规化，必须选择正规企业进行合作，确保学生个人利益不受到侵害；二是专业化，要尽量选择专业对口的单位进行实习基地的共建，确保青年学子所学能够得到充分发挥；三是指导性，学生进入企业实习并不意味着学校就能撒手不管，要为学生配备实习导师，同时建议实习单位设置工作导师，实现校内校外共同育人的良好效果。

第六节　突出先锋力量，探索收获成功之道

先锋模范的力量是无穷的，能够温暖人、鼓舞人、启迪人，大力宣传先锋模范的事迹，对于引导青年学生扣好人生第一粒扣子具有无可比拟的作用。历史长河中涌现出的民族英雄、革命英烈、先进典型，集中彰显了中华民族固有的家国情怀，体现了一个时代的精神风貌，我们应该以此为基础，触及青年群体的精神层面，让广大青年在党和人民的伟大实践中关注时代、关注社会，汲取养分、丰富思想。

（一）积极开展先锋模范表彰

在一项关于北京中小学生偶像情况的调查中，科学家占比 28.1%，位居榜首，受追星文化、饭圈文化影响，也有 12.7% 的中小学生把影视明星作为自己的偶像①；上海市社科院也曾针对"'00 后'青少年心目中最崇拜偶像"这一主题展开过社会调查，结果显示在'00 后'青少年心目中的偶像以杰出人士为主，但思想先驱、民族英雄、英模人物等入选比例较之娱乐明星、网红艺人而言明显偏低②。根据各类调查结果，我们可以清晰地看到，在文化多元发展的今天，先锋模范虽然在青少年群体心目中仍然占据重要地位，但其发挥的作用较之以往有了一定程度的削弱，亟须我们对青少年群体加强正面引导。

一要大力挖掘先锋模范事迹。我们可以自豪地说，一部强国建设史，就是一部先锋模范辈出的不懈奋斗史，革命先烈、先锋模范创造的丰功伟业延绵后世，让我们当代青年学子能够在最好的时代拥有最好的条件，享受最好的机遇。

---

① 刘钰：《北京中小学生最想成为谁？调查显示科学家影响最大，教育工作者备受认可》，http：//www.jyb.cn/rmtzcg/xwy/wzxw/202205/t20220522_694042.html，访问日期：2022 年 5 月 22 日。

② 杨雄：《谁是青少年心目中的偶像？背后藏着一个重要的价值观命题》，https：//www.shobserver.com/staticsg/res/html/web/newsDetail.html？id = 144589&v = 1.3&sid = 67，访问日期：2019 年 4 月 14 日。

我们挖掘、宣传先锋模范的事迹，就是要弘扬社会正能量，营造良好的社会氛围，激励人们见贤思齐、向上向善；就是要肯定他们的功绩、感激他们的付出、接续他们的事业、实现他们未竟之目标。我们不仅要关注做出了一番轰轰烈烈事业的大英雄，也要崇尚甘于寂寞、不计名利得失的"小人物"；不仅要挖掘历史长河中的仁人志士，也要宣传推广现实生活中的先进典型；不仅要关注展现民族大义的奋进者，也要关注一路追光前行的逐梦人。对于先锋模范事迹的挖掘务必科学严谨，一要进行细致入微的调研，了解先锋模范的全部事迹，既不能遗漏某一个细节，也不能夸大每一个事实，要为广大人民群众还原先锋模范的原貌，以真实来打动人；二要注重讲究程序，信息采集、内容整理、奖励表彰、宣传推广等环节要丝丝入扣，有条不紊地进行；三要强调立足时代，新时代也是英雄辈出的时代，一批有志之士为了践行初心使命，默默付出甚至献出生命，我们要大力挖掘这些先进典型的先进事迹，让他们的精神永存；四要广泛发动群众，贴近生活、贴近群众的生活模范能够以其亲和力直击人民群众内心，要发动群众积极推介身边爱岗敬业、团结睦邻、孝老爱亲的典型，积极加以宣传。

二要凝练先锋模范的精神品质。先锋模范具有独特性，我们宣传先锋模范，不是要在全社会复刻一批一模一样的人，而是要通过弘扬他们的精神、学习他们的作风，推动时代新人能够在各个行业兢兢业业地发光发热。一个个先锋模范，就是强国建设征途中树立起的一座座精神丰碑，先进事迹是先锋模范的外延，而精神品质是先锋模范的内核。大力弘扬先进事迹，可能在一段时间内会触动人们的内心，达到教育引导的良好效果，但时光飞逝，对于先锋模范事迹的记忆可能随之消减，如果将先锋模范的精神内核进行凝练，就能保障先锋模范的教育意义能够长久留存。在实际工作中，我们也高度重视先锋模范精神的凝练，诸如新民主主义革命时期的张思德精神，社会主义革命和建设时期的雷锋精神、焦裕禄精神、铁人精神，改革开放以来的女排精神、劳模精神等在今天依然闪烁着熠熠光辉，发挥着重要的教化作用。进入新时代，我们也凝练了以爱国主义为底色的科学家精神、企业家精神，让其在新的时代条件下，为实现强国建设的宏伟目标注入精神动能。

三要大力开展先锋模范表彰活动。开展各类先锋模范评选表彰活动，意在让先锋模范赢得应有的鲜花与掌声，旨在让他们的事迹和精神更加深入人心，在全社会营造"学模范、守初心、担使命"的良好氛围。我们所表彰的先锋模范在事迹上一定要具备典型性，在精神上一定要具备崇高性。为此，一要坚持政治标准，要将政治表现作为评选表彰的首要准则，所评选表彰的先锋模范一定要思想过硬、政治过硬，始终如一地拥护党的领导、热爱伟大祖国、坚持为民服务；二要坚持德行为先，只有明大德、守公德、严私德的人才配得上各类先锋模范的荣誉，对于德行有亏、品质有损的人员要实行一票否决；三要坚持突出实绩，要以职业贡献和社会贡献作为评选表彰的重要标准，重点突出不计个人得失，为党和国家事业做出巨大贡献的杰出人士；四要坚持公开透明，各项荣誉的设置要合理，评选的范围与规模要适中，评选的方式和标准要严格，评选的程序与结果要透明，以此增加先锋模范评选表彰的公信力，让表彰的先锋模范能够得民心、入人心。

（二）大力推进先锋模范进校园

每个人心中都有一个先锋梦，每个人心中也有一腔英雄情，学先锋才能力争当先锋。推动先锋事迹进校园，榜样力量就能促成长，大力推进先锋模范进校园旨在为青年学子提供一场精神盛宴，蕴含着丰富的精神食粮，在讲述事迹、弘扬精神、传递价值的过程中倡导时代新风尚、弘扬社会正能量，引导青年学子向上、向好、向善、向美，努力成为一个有道德、有担当、有责任的合格建设者和可靠接班人。只要在时代新人群体中广泛宣传先锋模范事迹，创造机会让他们与先锋模范面对面深入交流，就能在他们心中种下一颗冲锋在前、甘为先锋的种子，为强国建设储存一批充满斗志、理想坚定的后备军、生力军。

模范事迹报告会是宣传先锋模范事迹，弘扬先锋模范精神品质的最基础、最直观的形式。广泛开展先进事迹报告会，有利于树立标杆和榜样，促进交流和学习，扩大典型人物的知名度与公信力，通过感人的事迹打动人、感染人，使得受众的精神世界受到极大鼓舞与震撼，不断提升自身看齐意识，积蓄干事创业的动能。由此可见，模范事迹报告会理应成为在时代新人群体中开展榜样教育的重要方式。

在校园环境中开展模范事迹报告会，一要注重精心策划，不能"赶鸭子上架"毫无准备，要积极做好宣传预热工作，让更多人员知悉报告会信息，确保受众最大化；要做好嘉宾邀请工作，做好提前量，让参与报告会的嘉宾有充分的时间进行准备，确保报告内容的丰富度；要做好媒体宣传推介工作，积极将模范事迹报告会的情况在媒体平台进行宣传，确保正面影响的范围扩大化。二要注重把握时机，时机的选择影响教育的效果，要注重在一些重要的时间节点，如历史纪念日、重要节日等，因时而动开展模范事迹报告会，使得教育效果呈现叠加效应；同时，要注重把握时效性，特别是设计当代先锋模范的事迹推介时，一定要第一时间策划相关内容，确保事迹报告会生动而鲜活。三要注重创新形式，受制于时间、场地等客观因素影响，能直接参与到模范事迹报告会中来的人数十分有限，因此要充分运用当前的各种新媒体手段，实现线上线下同步直播，让更多的人拥有接受精神洗礼的机会；同时，先进事迹报告会的形式也不仅仅局限于讲座，可以融入一些艺术形式，如朗诵、表演等，增强报告会的感染力和吸引力。

除了开展先进事迹报告会，我们也要积极推动先锋模范进课堂，让青年学子在日常学习的过程中能够实打实地接触到先锋模范教育元素。一方面，我们深入开展课程思政建设，结合课程特点，深入挖掘与本课程相关的先锋模范元素，在开展教育教学的过程中将这些思政元素有机融合，达到潜移默化的育人效果。另一方面，我们也可以积极邀请劳动模范、大国工匠、最美奋斗者等先进典型走进学生课堂，聘请先锋模范担当青年学子的人生导师，通过面对面、一对一的沟通交流，以个人亲身经历直击学生心灵，不断激发出他们为强国建设贡献力量的理想信念。

参考文献

一、著作

［1］马克思，恩格斯．马克思恩格斯文集［M］．北京：人民出版社，2009.

［2］马克思，恩格斯．马克思恩格斯文集［M］．北京：人民出版社，2012.

［3］毛泽东．毛泽东选集［M］．北京：人民出版社，1992.

［4］邓小平．邓小平文选［M］．北京：人民出版社，1993、1994.

［5］习近平．习近平谈治国理政（第一卷）［M］．北京：外文出版社，2018.

［6］习近平．习近平谈治国理政（第二卷）［M］．北京：外文出版社，2017.

［7］习近平．习近平谈治国理政（第三卷）［M］．北京：外文出版社，2020.

［8］习近平．习近平谈治国理政（第四卷）［M］．北京：外文出版社，2022.

［9］习近平．决胜全面建成小康社会 夺取新时代中国特色社会主义伟大胜利——在中国共产党第十九次全国代表大会上的报告［M］．北京：人民出版社，2017.

［10］习近平．高举中国特色社会主义伟大旗帜 为全面建设社会主义现代化国家而团结奋斗［M］．北京：人民出版社，2022.

［11］习近平．论党的青年工作［M］．北京：中央文献出版社，2022.

［12］习近平．在全国劳动模范和先进工作者表彰大会上的讲话［M］．北京：人民献出版社，2020.

［13］习近平．在北京大学师生座谈会上的讲话［M］．北京：人民出版社，2018.

［14］中共中央关于党的百年奋斗重大成就和历史经验的决议［M］．北

京：人民出版社，2021.

［15］中华人民共和国国务院新闻办公室．新时代的中国青年［M］．北京：人民出版社，2022.

［16］中共中央文献研究室编．建国以来重要文献选编［M］．北京：中央文献出版社，2011.

［17］中共中央文献研究室编．三中全会以来重要文献选编［M］．北京：中央文献出版社，2011.

［18］中共中央文献研究室编．十八大以来重要文献选编（上）［M］．北京：中央文献出版社，2014.

［19］中共中央文献研究室编．十八大以来重要文献选编（中）［M］．北京：中央文献出版社，2016.

［20］中共中央党史和文献研究院编．十八大以来重要文献选编（下）［M］．北京：中央文献出版社，2018.

［21］中共中央党史和文献研究院编．十九大以来重要文献选编（上）［M］．北京：中央文献出版社，2019.

［22］中共中央党史和文献研究院编．十九大以来重要文献选编（中）［M］．北京：中央文献出版社，2021.

［23］中共中央党史和文献研究院编．十九大以来重要文献选编（下）［M］．北京：中央文献出版社，2023.

［24］陈独秀．陈独秀著作选［M］．上海：上海人民出版社，1993.

［25］叶良骏编．陶行知箴言［M］．上海：上海教育出版社，2011.

［26］王德峰编选．国性与民德——梁启超文选［M］．上海：上海远东出版社，1995.

［27］陈万柏，张耀灿．思想政治教育学原理（第三版）［M］．北京：高等教育出版社，2015.

［28］郑永廷．思想政治教育学原理（第二版）［M］．北京：高等教育出

版社，2018.

二、期刊文章

［1］习近平．扎实推动教育强国建设［J］．求是，2023（18）：4－15.

［2］习近平．努力成长为对党和人民忠诚可靠、堪当时代重任的栋梁之才［J］．求是，2023（13）：4－16.

［3］习近平．努力成为可堪大用能担重任的栋梁之才［J］．求是，2022（03）：4－15.

［4］习近平．深入实施新时代人才强国战略 加快建设世界重要人才中心和创新高地［J］．求是，2021（24）：4－15.

［5］习近平．思政课是落实立德树人根本任务的关键课程［J］．求是，2020（17）：4－16.

［6］白云．新中国70年时代新人内涵演进［J］．忻州师范学院学报，2020，36（01）：65－68.

［7］刘波．论时代新人的内涵演进与培育逻辑［J］．西南民族大学学报（人文社科版），2019，40（07）：222－227.

［8］栾淳钰．"时代新人"：马克思主义新人观的新发展［J］．思想理论教育导刊，2022（05）：32－38.

［9］吉喆，崔艳龙，杨弘．论时代新人的时代意涵、现实困境与实践路向［J］．东北师大学报（哲学社会科学版），2020（06）：125－131.

［10］王婷．关于时代新人特质的思考［J］．北京师范大学学报（社会科学版），2021（06）：158－160.

［11］王健睿．论接力实现民族复兴背景下时代新人的培育［J］．云南社会科学，2020（03）：59－64.

［12］冯淑萍．时代新人的基本特质及其培养的着力点［J］．思想教育研究，2019（03）：114－117.

［13］田海舰．"时代新人"的基本内涵与培育路径［J］．社会科学家，2021（01）：126－130．

［14］王一舟．时代新人的精神特质及其培养建议——基于习近平总书记给青少年学生回信的文本分析［J］．高校辅导员，2021（06）：3－8．

［15］熊亮．培养时代新人的着力点［J］．濮阳职业技术学院学报，2020，33（06）：25－28．

［16］冯刚，徐先艳．时代新人的生成逻辑、基本特征和培育路径［J］．教学与研究，2022（04）：92－101．

［17］冯刚，王莹．时代新人培育的内在要求与实现路径［J］．中国高等教育，2020（23）：21－23．

［18］霍彬涛，耿思嘉．"传承红色基因　培育时代新人"红色文化育人模式研究——以北京第二外国语学院人才培养为例［J］．北京教育（高教），2022（07）：37－39．

［19］王妮．红色精神滋养时代新人：价值旨归与现实路径［J］．东岳论丛，2022，43（02）：30－36．

［20］刘建军．论"时代新人"的科学内涵［J］．思想理论教育，2019（02）：4－9．

［21］冯淑萍．时代新人的基本特质及其培养的着力点［J］．思想教育研究，2019（03）：114－117．

［22］崔艳龙．时代新人培育的理论依据、价值意蕴与实践路径［J］．百色学院学报，2023，36（02）：72－78．

［23］张鲲．新时代"时代新人"之主体性建构［J］．思想教育研究，2018（10）：24－28．

［24］李瑞德，潘玉腾．习近平关于培养时代新人重要论述：生成逻辑、主要贡献和践行路径［J］．思想教育研究，2022（05）：31－36．

［25］王帅．习近平总书记关于时代新人重要论述的价值意蕴和实践进路

［J］．高校辅导员，2021（02）：3－7．

［26］戴木才．论社会主义现代化强国的结构要素［J］．马克思主义研究，2022（09）：33－47，155－156．

［27］罗哲．建设社会主义现代化强国的深刻意涵［J］．人民论坛，2021（24）：36－38．

［28］汪青松，陈莉．社会主义现代化强国内涵、特征与评价指标体系［J］．毛泽东邓小平理论研究，2020（03）：13－20，107．

［29］石云霞．论社会主义现代化强国思想的创新和发展［J］．思想理论教育导刊，2019（05）：51－56．

［30］王寿林．全面建成社会主义现代化强国的实践要求［J］．新视野，2023（01）：29－35．

［31］王安忠．全面建成社会主义现代化强国的实践进路［J］．世界社会主义研究，2023，8（04）：56－65，115．

［32］于春玲，丁富强．论社会主义现代化强国建设中的"文化先行"［J］．江西社会科学，2022，42（06）：178－185，208．

［33］王钰鑫．"九个必须"：全面建成社会主义现代化强国的根本遵循［J］．广西社会科学，2021（09）：39－51．

［34］贾楠，荆蕙兰．论社会主义现代化强国背景下时代新人的塑造［J］．社会科学战线，2022（09）：276－280．

［35］宋德孝，崔宏业．党的青年人才培养工作的历史回顾、基本经验及当代启示［J］．中国青年研究，2023（08）：43－50．

三、报纸文章

［1］中共中央组织部．中国共产党党内统计公报［N］．人民日报，2024－07－01（04）．

［2］共青团中央．中国共青团团内统计主要数据［N］．中国青年报，

2024－05－04（01）.

　　［3］白杨.中国航天的2023：步履不停　未来可期［N］.21世纪经济报道，2023－12－26（011）.

　　［4］孔德晨.非凡十年，对外开放硕果累累［N］.人民日报·海外版，2022－10－18（10）.

　　［5］开跑! 做有理想负责任的行动主义者［N］.中国教育报，2024－01－18（02）.

　　［6］发挥功勋荣誉精神引领典型示范作用 推动全社会见贤思齐崇尚英雄争做先锋［N］.人民日报，2016－05－19（01）.

　　［7］齐芳，崔兴毅.中科院发布心理健康蓝皮书——成年人群自评心理健康状况总体良好［N］.光明日报，2023－02－27（08）.

　　［8］晋浩天.教育，如何改革发展——教育部部长陈宝生答记者问［N］.光明日报，2017－03－13（10）.

　　［9］王鹏.为党育人为国育才——以习近平同志为核心的党中央关心学校思想政治工作纪实［N］.人民日报，2021－12－02（01）.

　　［10］司文超.用青年话语宣讲好党的创新理论［N］.学习时报，2021－05－14（06）.

四、电子资料

　　［1］国家统计局.2023年居民收入和消费支出情况［EB/OL］.（2024－01－17）.https：//www.stats.gov.cn/sj/zxfb/202401/t20240116_1946622.html.

　　［2］国家统计局，科学技术部，财政部.2022年全国科技经费投入统计公报［EB/OL］.（2023－09－18）.https：//www.stats.gov.cn/sj/zxfb/202309/t20230918_1942920.html.

　　［3］国家统计局."一带一路"建设成果丰硕 推动全面对外开放格局形成［EB/OL］.（2022－10－09）.https：//www.stats.gov.cn/sj/sjjd/202302/t20230202_

1896693. html.

［4］中国互联网络信息中心．第52次中国互联网络发展状况统计报告［EB/OL］．（2023－08－28）．https：//www. cnnic. cn/NMediaFile/2023/0908/MAIN1694151810549M3LV0UWOAV. pdf.

［5］教育部高等教育司．历史性成就，格局性变化［EB/OL］．（2022－05－17）．http：//www. moe. gov. cn/fbh/live/2022/54453/sfcl/202205/t20220517＿627973. html.

［6］人社部．首份新职业在线学习平台发展报告发布：新职业呈现供需两旺局面［EB/OL］．（2023－08－28）．http：//www. mohrss. gov. cn/SYrlzyhshbzb/dongtaixinwen/buneiyaowen/202007/t20200723＿380359. html.

［7］教育部．2023年全国教育事业发展基本情况［EB/OL］．（2024－03－01）．http：//www. moe. gov. cn/fbh/live/2024/55831/sfcl/202403/t20240301＿1117517. html.

［8］中国经济网．《2023中国制造强国发展指数报告》：我国制造强国建设稳中有进［EB/OL］．（2023－12－29）．http：//bgimg. ce. cn/xwzx/gnsz/gdxw/202312/29/t20231229_38848321. shtml.

［9］中共中央 国务院印发《质量强国建设纲要》［EB/OL］．（2023－02－20）．https：//www. gov. cn/gongbao/content/2023/content_5742204. html.

［10］第三次全国农业普查主要数据公报（第一号）［EB/OL］．（2023－07－05）．https：//www. stats. gov. cn/sj/tjgb/nypcgb/qgnypcgb/202302/t20230206_1902101. html.

［11］中国新闻网．《新时代数字青年网络素养调查报告（2023）》发布［EB/OL］．（2023－05－30）．https：//www. chinanews. com. cn/cj/2023/05－30/10016638. shtml.

［12］中华人民共和国教育部．北京大学以"五个强化"深入实施"时代新人铸魂工程"［EB/OL］．（2023－11－16）．http：//www. moe. gov. cn/jyb＿

sjzl/s3165/202311/t20231121_1091459. html.

［13］中华人民共和国教育部. 中国农业大学深入落实"时代新人铸魂工程"［EB/OL］.（2024 – 01 – 22）. http：//www. moe. gov. cn/jyb_ xwfb/s6192/s133/s146/202401/t20240122_1111180. html.

［14］刘钰. 北京中小学生最想成为谁？调查显示科学家影响最大，教育工作者备受认可［EB/OL］.（2022 – 05 – 22）. http：//www. jyb. cn/rmtzcg/xwy/wzxw/202205/t20220522_694042. html.

［15］杨雄. 谁是青少年心目中的偶像？背后藏着一个重要的价值观命题［EB/OL］.（2019 – 04 – 14）. https：//www. shobserver. com/staticsg/res/html/web/newsDetail. html？id = 144589&v = 1. 3&sid = 67.

五、外文文献

［1］John. J. Patrick Improving Civic Education in Schools.［DB/OL］. http：//www/ericfacility. net/databases/ERIC – Digests/ed470039.

［2］DanielSchugurensky, John P. Myers. Citizenship education：Theory, research and practice.［J］Encounters on Education, Volume 4. 2003. PP 1 – 10.

［3］Print Murray, Smith Alan. Teaching civic education for a civil, democratic society.［J］Asia Pacific Education Review, Volume 1, Issue 1. 2000. PP 101 – 109.

［4］P. A F, A. O A. Different Approaches to Civic Education in Great Britain［J］. Tomsk state pedagogical university bulletin, 2017（4）.

［5］Bombardelli O, Codato M. Country Report：Civic and Citizenship Education in Italy：Thousands of Fragmented Activities Looking for a Systematization［J］. Journal of Social Science Education, 2017, 16（2）.

［6］Chadjipantelis T, Papaoikonomou A. Civic Education in Greek Educational System：Empirical Approach in Schools of Central Macedonia of Greece［J］. The Eurasia Proceedings of Educational & Social Sciences, 2018.

［7］ DanijelaT，Spela B. Teaching History and Civic Education in Slovenia ［J］. FUTURO DEL PASADO – REVISTA ELECTRONICA DE HISTORIA，2021 （12）.

［8］ R. S. E D，M. S. F. Civic Education in Latin American Context：Urban Texts in the Chilean Case（19th century）. Quinto Sol，2021，25（2）.

［9］ Globalization and the Singapore Curriculum，published by Springer，2013：67.

［10］ Murray P. Political socialization in a failed democracy：Civic education in Thailand ［J］. PCS – Politics，Culture and Socialization，2021，9（1 – 2）.

［11］ Hujjatullah Zia. Chinese modernization pursues China' s peaceful development ［N］. China Daily 2022 – 12 – 21.

［12］ KhalidTaimur Akram. Beijing is fostering shared development through initiatives ［N］. China Daily 2023 – 08 – 14.

［13］ RuiLourido. Chinese path to modernization peaceful in nature ［N］. China Daily 2023 – 02 – 27.

［14］ Qaiser Nawab. Chinese path to modernization：The Way forward ［N］. China Daily 2023 – 02 – 23.

后 记

"少年智则国智，少年富则国富；少年强则国强，少年独立则国独立；少年自由则国自由；少年进步则国进步；少年胜于欧洲，则国胜于欧洲；少年雄于地球，则国雄于地球。"梁公在百余年前的振声高呼仍然言犹在耳，时代新人更应奋发有为。"新时代造就时代新人，时代新人造就新时代"。时代变化日新月异，时代课题不断丰富，时代新人培育这一话题也会常讲常新。在与时俱进的过程中，对于时代新人培育这一主题的探索，仍然在不断发展，这也为我以后的研究开辟了一条道路。本书还有待完善之处，在接下来的研究过程中，我也将深入思考，争取再出成果。

作为一名新时代的青年，也作为一名马克思主义理论的学习者、研究者，我们理应增强自己的使命意识，敢想敢为而又善作善成，带头成为一名堪当民族复兴大任的时代新人。我们既要能立于时代之潮头，积极关注时代变化，不断充实完善自身，又要能通古今之变化，熟读历史、掌握时事，在历史与现实的交相辉映中不断增强责任担当。同时，我们也要发思想之先声，通过自己的理论研究为时代新人的培育做出一定理论贡献。

行文至此，感触良多。这本书脱胎于我的博士论文，陪伴此书的是长沙城的灯火、湘江水的波澜与岳麓山的微风。多少天漫步在江岸、伫立于山头，心里所思所想无不与此书内容紧密联结，这也绘就了我博士生涯浓墨重彩的卷轴！在此，感谢我的师长给本书提出的宝贵意见，让本书不断趋于完善；感谢我的父母家人在背后的默默支持，让我能够心无旁骛、毫无顾虑地进行写作；感谢我的朋友们在我瓶颈之时伸出的援手，让我能够始终以积极的心态来面对各种困难和挫折。

读书不易，做学问也不易，希望自己也能成为一名合格的时代新人，有理想、敢担当、能吃苦、肯奋斗，用汗水绘就人生新篇，用青春书写时代华章。

谨以本书献给过往努力学习的自己和默默支持我的家人朋友！

彭　钊

2024 年 9 月于岳麓山下